共通テスト

新課程 攻略問題集

情報 I

教学社

はじめに

『共通テスト新課程攻略問題集』刊行に寄せて

　本書は，2025 年 1 月以降に「大学入学共通テスト」（以下，共通テスト）を受験する人のための，基礎からわかる，対策問題集です。

　2025 年度の入試から新課程入試が始まります。共通テストにおいても，教科・科目が再編成されますが，2022 年に高校に進学した人は，1 年生のうちから既に新課程で学んでいますので，まずは普段の学習を基本にしましょう。

　新課程の共通テストで特に重視されるのは，「思考力」です。単に知識があるかどうかではなく，知識を使って考えることができるかどうかが問われます。また，学習の過程を意識した身近な場面設定が多く見られ，複数の資料を読み取るなどの特徴もあります。とは言え，これらの特徴は，2021 年度からの共通テストや，その前身の大学入試センター試験（以下，センター試験）の出題の傾向を引き継ぐ形です。

　そこで本書では，必要以上にテストの変化にたじろぐことなく，落ち着いて新課程の対策が始められるよう，大学入試センターから公表された資料等を詳細に分析し，対策に最適な問題を精選しています。そして，初歩から実戦レベルまで，効率よく演習できるよう，分類・配列にも工夫を施しています。早速，本書を開いて，今日から対策を始めましょう！

　受験生の皆さんにとって本書が，共通テストへ向けた攻略の着実な一歩となることを願っています。

教学社 編集部

問題選定・執筆協力　岡本弘之（アサンプション国際中学校高等学校）

もくじ

はじめに ……………………………………………………………………………… 3

本書の特長と使い方 ……………………………………………………………… 5

分析と対策 ………………………………………………………………………… 6

分野別の演習　　　　　　　　　　　　　　　　　まとめ　　　演習問題　　　解答解説

第1章　情報社会の問題解決 ………………………… 22 ……………… 26 …………… 43

第2章　コミュニケーションと情報デザイン ………… 48 ……………… 52 …………… 71

第3章　コンピュータとプログラミング ……………… 78 ……………… 83 …………110

第4章　情報通信ネットワークとデータの活用 ………120 ……………124 …………163

実戦問題　　　　　　　　　　　　　　　　　　　　　　　　　　問題　　　解答解説

2022年 **試作問題** ………………………………………………… 174 ………… 207

2021年 **サンプル問題** ……………………………………………… 215 ………… 233

※大学入試センターからの公開資料等について，本書では下記のように示しています。

・**試作問題**：〔新課程〕でのテストに向けて，2022年11月に作問の方向性を示すものとして公表されたテスト。

・**サンプル問題**：〔新課程〕でのテストに向けて，2021年3月に作問の方向性を示すものとして公表されたテスト。

・**旧情報**：2025年度の共通テストで，経過措置として旧課程履修者向けに出題される科目。「情報Ⅰ」と同様，2022年11月に試作問題が公表された。

・**情報関係基礎**：2024年度までの共通テストで，専門学科向けに出題される科目。2025年度以降の共通テストでは出題されない。

※本書に収載している，共通テストやその試作問題・サンプル問題に関する〔正解・配点〕は，大学入試センターから公表されたものです。

※本書の内容は，2023年6月時点の情報に基づいています。最新情報については，大学入試センターのウェブサイト（https://www.dnc.ac.jp/）等で，必ず確認してください。

本書の特長と使い方

　本書は，2025年度の共通テストから新たに実施される科目**「情報Ⅰ」**を受験する人のための対策問題集です。大学入試センターから発表された，**試作問題・サンプル問題**の内容を徹底的に分析するとともに，2024年度までの共通テストで出題される**「情報関係基礎」**の過去問や，私立大学で課されている情報科目の過去問の中から，「情報Ⅰ」の対策になる問題を収載し，丁寧な解説を付しています。

›››　共通テストの基本知識を身につける

　「分析と対策」では，「情報Ⅰ」の試作問題・サンプル問題の内容を詳しく分析し，これまでの「情報関係基礎」の過去問の内容とも比較しながら，新科目の対策において重要な点を詳しく説明しています。

›››　分野別の「まとめ」と問題演習で実力養成

　「分野別の演習」では，学習指導要領の構成に沿って，演習問題とその解説を収載しています。演習問題は，試作問題やサンプル問題の分析をもとに，「旧情報」の試作問題，従来の「情報関係基礎」の過去問，私立大学の情報科目の過去問の中から，**「情報Ⅰ」の対策に有用な問題**を分野別に精選しています。各章の冒頭の**「まとめ」**ページでは，各分野の重要ポイントを整理していますので，演習問題に取り組む前や試験本番前の復習や整理に活用してください。

›››　実戦問題にチャレンジ

　「実戦問題」として，大学入試センターより発表された，試作問題とサンプル問題をそのまま掲載しています。最後の総仕上げとして，試験時間を計って本番の形式でチャレンジするのもよいですが，**「分野別の演習」**に取り組む前に一度全体を解いてみて，現時点での実力や苦手な分野がどこなのかを把握しておくのもよいでしょう。その上で**「分野別の演習」**で苦手な分野を重点的に対策するとよいです。間違えた問題やわからなかった問題は必ず解説に目を通し，必要な知識や解き方を確認して，着実に実力をつけましょう。

分析と対策

　2021年1月から始まった「大学入学共通テスト」は，2025年1月から**新教育課程に対応**した試験となり，**新しい科目「情報I」**が加わります。その問題例として，2021年3月に**サンプル問題**，2022年11月に**試作問題**が大学入試センターから公表されました。また，これまでの共通テストで専門学科向けに実施されてきた**「情報関係基礎」**も参考になる内容が多いため，あわせて分析していきます。

■ 問題作成方針

　2023年6月に，大学入試センターより問題作成方針が公表されました。

> 　日常的な事象や社会的な事象などを情報とその結び付きとして捉え，情報と情報技術を活用した問題の発見・解決に向けて探究する活動の過程，及び情報社会と人との関わりを重視する。
> 　問題の作成に当たっては，社会や身近な生活の中の題材，及び受験生にとって既知ではないものも含めた資料等に示された事例や事象について，情報社会と人との関わりや情報の科学的な理解を基に考察する力を問う問題などとともに，問題の発見・解決に向けて考察する力を問う問題も含めて検討する。

　また，プログラミングの問題に関して，以下のように示されています。

> 　プログラミングに関する問題を出題する際のプログラム表記は，授業で多様なプログラミング言語が利用される可能性があることから，受験者が初見でも理解できる大学入試センター独自のプログラム表記を用いる。

■ 出題形式

　試験時間は60分，**配点は100点**となります。これまで公表された試作問題・サンプル問題を見ると，大問数は3～4問，解答個数は50個程度で，全問マークシート形式となっています。基本的な知識を問う問題だけでなく，**資料を読み取る力**や**思考力**を問う問題も多く出題されています。

■ 出題分野・内容

これまで公表された「情報Ⅰ」の試作問題・サンプル問題の出題分野と内容は，以下の通りです。

分析　試作問題（2022年11月公表）

問題番号		選択方法	出題分野	出題内容	配点
第1問	問1	全問必答	情報社会の問題解決	インターネット利用の注意点，情報の信ぴょう性	4点
	問2		情報通信ネットワークとデータの活用	パリティビット	6点
	問3		コンピュータとプログラミング	論理回路	6点
	問4		コミュニケーションと情報デザイン	情報デザイン	4点
第2問	A		情報社会の問題解決　コミュニケーションと情報デザイン	知的財産権，二次元コード	15点
	B		コンピュータとプログラミング	待ち時間のシミュレーション	15点
第3問			コンピュータとプログラミング	アルゴリズムとプログラミング	25点
第4問			情報通信ネットワークとデータの活用	データの活用と分析	25点
参考問題（第4問）		—	情報通信ネットワークとデータの活用	データの活用と分析	25点

分析　サンプル問題（2021年3月公表）

問題番号		出題分野	出題内容	配点
第1問	問1	情報通信ネットワークとデータの活用	コンピュータネットワークの仕組み	—
	問2	コミュニケーションと情報デザイン	情報デザイン	—
	問3	コミュニケーションと情報デザイン	デジタル化	—
	問4	情報通信ネットワークとデータの活用	IPアドレス	—
第2問		コンピュータとプログラミング	当選者数を計算するプログラム	—
第3問		情報通信ネットワークとデータの活用	データサイエンス	—

　試作問題・サンプル問題とも，「情報Ⅰ」の履修内容の4分野すべてから出題されています。試作問題は配点も公表されており，情報Ⅰの4分野のうち「情報社会の問題解決」「コミュニケーションと情報デザイン」の範囲が23点，「コンピュータとプログラミング」「情報通信ネットワークとデータの活用」の範囲が77点と，情報の科学的理解を問う分野の配点が高くなっています。

　内容を見ると，前半は「情報社会の問題解決」「コミュニケーションと情報デザイン」を中心とした各分野の小問集合，続いて「コンピュータとプログラミング」についての大問，さらに「情報通信ネットワークとデータの活用」についての大問となっ

ています。教科書範囲の**正しい知識**だけでなく，問題に示された**文章や資料を読み取る技能**，その内容に沿った**思考力・判断力・表現力**を求める問題が出題されています。

　次に，これまで専門学科向けに行われてきた「情報関係基礎」の出題内容も見ておきましょう。「情報関係基礎」は，「情報Ⅰ」の学習内容と重なる部分も多く，以下の「出題分野」は新課程「情報Ⅰ」に準拠して記載しています。

参考　「情報関係基礎」2022年度 本試験

問題番号		選択方法	出題分野	出題内容	配点
第1問	問1	必答	コミュニケーションと情報デザイン	画像ファイルのデータサイズ，動画配信方式，ピクトグラム，2次元コード	8点
	問2		情報社会の問題解決 情報通信ネットワークとデータの活用	著作権，回線交換方式とパケット交換方式	6点
	問3		コミュニケーションと情報デザイン	アナログとデジタルの違い	16点
第2問			コンピュータとプログラミング	回文とアルゴリズム	35点
第3問		選択	コンピュータとプログラミング	あみだくじを表示するプログラム	35点
第4問			情報通信ネットワークとデータの活用	データの整理と分析	35点

参考　「情報関係基礎」2021年度 第1日程

問題番号		選択方法	出題分野	出題内容	配点
第1問	問1	必答	コミュニケーションと情報デザイン 情報通信ネットワークとデータの活用 情報社会の問題解決	データ量，IPアドレス，知的財産権	12点
	問2		コミュニケーションと情報デザイン 情報社会の問題解決	画像のデータ形式，データのバックアップ	6点
	問3		情報社会の問題解決	迷惑メールの仕組み	12点
第2問			コンピュータとプログラミング	塗り絵の色の組み合わせ	35点
第3問		選択	コンピュータとプログラミング	スゴロクを題材としたプログラム	35点
第4問			情報通信ネットワークとデータの活用	満足度調査のデータの集計・分析	35点

　従来の「情報関係基礎」では，情報の科学的理解を問う内容がほとんどです。また内容も専門学科で情報を学んだ生徒向けであり，「情報Ⅰ」の試作問題に比べると難易度は高いです。

　しかし，問題構成や第3問・第4問の出題形式など，**「情報Ⅰ」の試作問題に類似**する点が多くあります。特に，「コンピュータとプログラミング」「情報通信ネットワークとデータの活用」については，これら「情報関係基礎」の過去問にあたっておくことは有効な対策といえるでしょう。

■ 出題の特徴と対策

　次に，公表されている試作問題から，具体的な出題の特徴を分析し，対策について述べていきます。

◆ 出題例 1　教科書の基本的知識を生活場面で問う問題

試作問題　第 1 問　問 1 a　インターネット利用の注意点

　　SNS やメール，Web サイトを利用する際の注意や判断として，適当なものを，次の ⓪ ～ ⑤ のうちから二つ選べ。ただし，解答の順序は問わない。

　ア ・ イ

⓪　相手からのメッセージにはどんなときでも早く返信しなければいけない。

①　信頼関係のある相手と SNS やメールでやり取りする際も，悪意を持った者がなりすましている可能性を頭に入れておくべきである。

②　Web ページに匿名で投稿した場合は，本人が特定されることはない。

③　SNS の非公開グループでは，どんなグループであっても，個人情報を書き込んでも問題はない。

④　一般によく知られているアニメのキャラクターの画像を SNS のプロフィール画像に許可なく掲載することは，著作権の侵害にあたる。

⑤　芸能人は多くの人に知られていることから肖像権の対象外となるため，芸能人の写真を SNS に掲載してもよい。

　このように，教科書で習った知識と**日常の生活場面での出来事**を重ねる形で出題される問題も多いです。教科書の基本的な用語・知識を覚えるだけでなく，その具体例も確認しておくと対策になるでしょう。

◆ 出題例2　教科書の知識の理解と活用を問う問題

試作問題　第1問　問3　論理回路

基本的な論理回路には，論理積回路（AND回路），論理和回路（OR回路），否定回路（NOT回路）の三つがあげられる。これらの図記号と真理値表は次の表1で示される。真理値表とは，入力と出力の関係を示した表である。

表1　図記号と真理値表

回路名	論理積回路	論理和回路	否定回路
図記号	A B ─⊐─X	A B ─▷─X	A ─▷○─X

論理積回路 入力		出力
A	B	X
0	0	0
0	1	0
1	0	0
1	1	1

論理和回路 入力		出力
A	B	X
0	0	0
0	1	1
1	0	1
1	1	1

否定回路 入力	出力
A	X
0	1
1	0

(1)　S航空会社が所有する旅客機の後方には，トイレが二つ（A・B）ある。トイレAとトイレBの両方が同時に使用中になると乗客の座席前にあるパネルのランプが点灯し，乗客にトイレが満室であることを知らせる。入力Aは，トイレAが使用中の場合には1，空いている場合には0とする。Bについても同様である。出力Xはランプが点灯する場合に1，点灯しない場合に0となる。これを実現する論理回路は次の図2である。

図2　(1)の論理回路

(2)　S航空会社では新しい旅客機を購入することにした。この旅客機では，トイレを三つ（A・B・C）に増やし，三つのうちどれか二つ以上が使用中になったら混雑を知らせるランプを点灯させる。入力や出力は(1)と同様とする。この場合の真理値表は　キ　で，これを実現する論理回路は図3である。

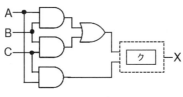

図3　(2)の論理回路

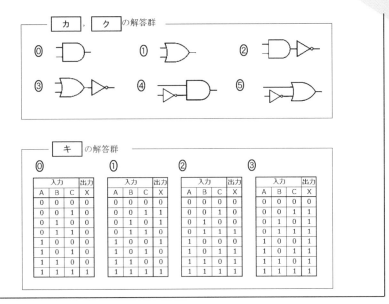

上記問題では，**基本的知識は説明文の表1**に書かれています。したがって，その**意味を理解**し，問題の図に丁寧に当てはめることができれば正解を導けます。

(2)の図に表1より数値を書き込んでいくと，仮にA＝0，B＝0，C＝0の場合は以下の通りとなります。

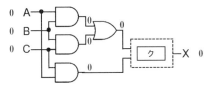

X＝0と出力するのは，解答群の図のうち⓪，①，④です。次にA＝1，B＝0，C＝1の場合で考えると以下の通りとなります。

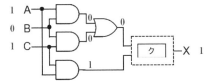

X＝1と出力するのは①，②なので，**ク**の正解は①だとわかります。

対策としては，知識を覚えることだけでなく，問題を解くことで理解を確認することが有効です。

◆◆ 出題例3　説明文の情報を正確に読み取り，正しい答えを考える問題

試作問題　第2問　B　問1　待ち時間のシミュレーション

　　Mさんのクラスでは，文化祭の期間中2日間の日程でクレープを販売することにした。1日目は，慣れないこともあり，客を待たせることが多かった。そこで，1日目が終わったところで，調理の手順を見直すなど改善した場合に，どのように待ち状況が変化するかシミュレーションすることにした。なお，このお店では同時に一人の客しか対応できないとし，客が注文できるクレープは一枚のみと考える。また，注文は前の客に商品を渡してから次の注文を聞くとして考える。

　　問1　次の文章および表中の空欄 ケ ～ シ に当てはまる数字をマークせよ。

　　まず，Mさんは，1日目の記録を分析したところ，注文から商品を渡すまでの**一人の客への対応時間に約4分を要している**ことが分かった。

　　次に，クラスの記録係が1日目の来客時刻を記録していたので，最初の50人の客の到着間隔を調べたところ，表1の人数のようになった。この人数から相対度数を求め，その累積相対度数を確率とみなして考えてみた。また，到着間隔は一定の範囲をもとに集計しているため，各範囲に対して階級値で考えることにした。

表1　到着間隔と人数

到着間隔（秒）	人数	階級値	相対度数	累積相対度数
0 以上～ 30 未満	6	0 分	0.12	0.12
30 以上～ 90 未満	7	1 分	0.14	0.26
90 以上～150 未満	8	2 分	0.16	0.42
150 以上～210 未満	11	3 分	0.22	0.64
210 以上～270 未満	9	4 分	0.18	0.82
270 以上～330 未満	4	5 分	0.08	0.90
330 以上～390 未満	2	6 分	0.04	0.94
390 以上～450 未満	0	7 分	0.00	0.94
450 以上～510 未満	1	8 分	0.02	0.96
510 以上～570 未満	2	9 分	0.04	1.00
570 以上	0	‒	‒	‒

　　そして，表計算ソフトウェアで生成させた乱数（0以上1未満の数値が同じ確率で出現する一様乱数）を用いて試しに最初の10人の到着間隔を，この表1をもとに導き出したところ，次の表2のようになった。ここでの到着間隔は表1の階級値をもとにしている。なお，1人目は到着間隔0分とした。

表2　乱数から導き出した到着間隔

	生成させた乱数	到着間隔
1人目	―	0分
2人目	0.31	2分
3人目	0.66	4分
4人目	0.41	2分
5人目	0.11	0分
6人目	0.63	3分
7人目	0.43	3分
8人目	0.28	2分
9人目	0.55	3分
10人目	0.95	ケ 分

　　表2の結果から10人の客の待ち状況が分かるように，次の図1のように表して
みることにした（図1は6人目まで記入）。ここで，待ち時間とは，並び始めてから
直前の人の対応時間が終わるまでの時間であり，対応時間中の客は待っている人数
に入れないとする。このとき，最も待ち人数が多いときは コ 人であり（これを最
大待ち人数という），客の中で最も待ち時間が長いのは サ シ 分であった。

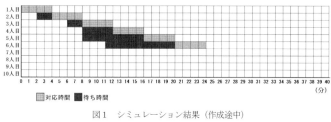

図1　シミュレーション結果（作成途中）

　　上記問題では，問題の説明文で書かれている情報を**正確に読み取り**，途中までで
終わっている図1に**表2の内容を書き込んで図を完成させる**と正解を導けます。

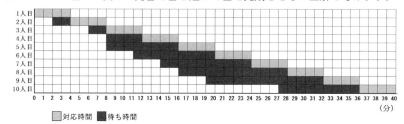

　　プログラミングの問題もそうですが，問題文を丁寧に読み込み理解する力が求め
られます。対策としては「情報関係基礎」も含めた類似問題にあたるとよいでしょ
う。

◆ 出題例4　探究するプロセスの力を問われる問題

試作問題　第4問　問1　データの活用と分析

　次の表1は，国が実施した生活時間の実態に関する統計調査をもとに，15歳以上19歳以下の若年層について，都道府県別に平日1日の中で各生活行動に費やした時間（分）の平均値を，スマートフォン・パソコンなどの使用時間をもとにグループに分けてまとめたものの一部である。ここでは，1日のスマートフォン・パソコンなどの使用時間が1時間未満の人を表1-A，3時間以上6時間未満の人を表1-Bとしている。

表1-A：スマートフォン・パソコンなどの使用時間が

1時間未満の人の生活行動時間に関する都道府県別平均値

都道府県	睡眠 （分）	身の回りの 用事（分）	食事 （分）	通学 （分）	学業 （分）	趣味・娯楽 （分）
北海道	439	74	79	60	465	8
青森県	411	74	73	98	480	13
茨城県	407	61	80	79	552	11
栃木県	433	76	113	50	445	57

表1-B：スマートフォン・パソコンなどの使用時間が

3時間以上6時間未満の人の生活行動時間に関する都道府県別平均値

都道府県	睡眠 （分）	身の回りの 用事（分）	食事 （分）	通学 （分）	学業 （分）	趣味・娯楽 （分）
北海道	436	74	88	63	411	64
青森県	461	57	83	55	269	44
茨城県	443	80	81	82	423	63
栃木県	386	120	79	77	504	33

（出典：総務省統計局の平成28年社会生活基本調査により作成）

　花子さんたちは，表1-Aをスマートフォン・パソコンなどの使用時間が短いグループ，表1-Bをスマートフォン・パソコンなどの使用時間が長いグループと設定し，これらのデータから，スマートフォン・パソコンなどの使用時間と生活行動に費やす時間の関係について分析してみることにした。

　ただし，表1-A，表1-Bにおいて一か所でも項目のデータに欠損値がある場合は，それらの都道府県を除外したものを全体として考える。なお，以下において，データの範囲については，外れ値も含めて考えるものとする。

問1　花子さんたちは，これらのデータから次のような仮説を考えた。表1-A，表1-Bのデータだけからは**分析できない仮説**を，次の⓪〜③のうちから一つ選べ。　ア

⓪　若年層でスマートフォン・パソコンなどの使用時間が長いグループは，使用時間が短いグループよりも食事の時間が短くなる傾向があるのではないか。

①　若年層でスマートフォン・パソコンなどの使用時間が長いグループに注目すると，スマートフォン・パソコンなどを朝よりも夜に長く使っている傾向があるのではないか。

②　若年層でスマートフォン・パソコンなどの使用時間が長いグループに注目すると，学業の時間が長い都道府県は趣味・娯楽の時間が短くなる傾向があるのではないか。

③　若年層でスマートフォン・パソコンなどの使用時間と通学の時間の長さは関係ないのではないか。

　上記問題では，仮説の検証に必要なデータは何であるかが問われ，知識ではなく**データから言える仮説**について正しいものを選ぶことが求められています。問題作成方針にある「情報と情報技術を活用した問題の発見・解決に向けて探究する活動の過程…を重視」という内容を具体化したものと思われます。対策としては，情報科の内容だけでなく，総合的な探究の時間や他教科で取り組むレポートなど，教科横断的な学びを大切にすることが有効です。

■ おすすめの勉強法

◆ 知識のインプット

　共通テストで求められる知識は，教科書レベルの基本的内容がほとんどです。そのために最良の勉強法は教科書学習です。教科書で太字で書いてあるような基本用語については暗記するだけでなく，教科書の前後の文章を確認しながら日常場面でどのように活用する・されているかについても理解しておくとよいでしょう。

◆ 授業や実習を大切にしよう

　プログラミングや計算問題などは，教科書で用語を理解するだけでは十分ではなく，実際にプログラミングをしたり，計算をしたりと，体験をしておくと理解が深まります。

　授業で取り組む様々な実習や教科書に載っている演習問題には積極的に取り組み，理解を深めておくことが，共通テスト対策にもつながります。

◆ 問題演習を行う

　基本的な知識の習得と並行して，分野別の問題集を使い，実際に問題を解くことで知識を定着させておきましょう。教科書によっては章末問題も掲載されており，それを解くことで基本的な知識の確認を行うことができます。

　また総合問題演習として，大学入試センターが公表している試作問題・サンプル問題を早い段階で解いて，出題形式をイメージしておくことも大切です。さらに類似点が多い「情報関係基礎」の過去問など，問題を解くことを通して，読解力・理解力も深めていきましょう。

◆ 問題文・説明文をしっかり読もう

　「情報Ⅰ」の問題では，問題文・説明文に基本的な知識や条件などの重要な情報が書かれていることが多いです。他教科では問題を読み飛ばしても解答できることもあるかもしれませんが，「情報Ⅰ」では正確に丁寧に読み取ることが大切です。

　そのために問題集・模擬試験では説明文の重要な情報に下線を引いたり，図に必要な情報を書き足したりするなど，問題用紙に積極的に書き込みながら問題文・説明文を読むことをお勧めします。そうすることで頭で考えるだけでは見えなかった情報が見えてくるようになり，見直しの際にも誤りを発見しやすくなるでしょう。

共通テスト用プログラム表記の例示

　高等学校の「情報Ⅰ」の授業で使用するプログラミング言語は多様であることから，共通テスト「情報Ⅰ」の試作問題では，**共通テスト用のプログラム表記**が使用されました。以下は大学入試センターより発表された例示です。問題文の記述を簡潔にするなどの理由で，この説明文書の記述内容に従わない形式で出題することもあるとされています。共通テスト「情報Ⅰ」の受験に際しては，当該問題文の中の説明や指示に注意し，それらに沿って解答してください。

1．変数
　通常の変数例：kosu, kingaku_kei

　　　　　　　　　　　　　（変数名は英字で始まる英数字と「_」の並び）

　配列変数の例：Tokuten[3], Data[2,4]　　　　（配列名は先頭文字が大文字）

　　※特に説明がない場合，配列の要素を指定する添字は 0 から始まる

2．文字列
　文字列はダブルクォーテーション（"）で囲む

　moji = "I'll be back."

　message = "祇園精舎の" + "鐘の声"　　　　　　　　　　※ + で連結できる

3．代入文
　kosu = 3, kingaku = 300　　　　　　　　　　※複数文を1行で表記できる

　kingaku_goukei = kingaku * kosu

　namae = "Komaba"

　Data = [10,20,30,40,50,60]

　Tokuten のすべての値を 0 にする

　nyuryoku = 【外部からの入力】

4．算術演算
　加減乗除の四則演算は，『+』，『-』，『*』，『/』で表す

　整数の除算では，商（整数）を『÷』で，余りを『%』で表す

　べき乗は『**』で表す

5．比較演算
　『==』（等しい），『!=』（等しくない），『>』，『<』，『>=』，『<=』

6．論理演算
　『and』（論理積），『or』（論理和），『not』（否定）

7．関数
　値を返す関数例：kazu = 要素数(Data)

　　　　　　　　　saikoro = 整数(乱数()*6)+1

　値を返さない関数例：表示する(Data)

表示する（`Kamoku[i]`,`"の得点は"`,`Tensu[i]`,`"です"`)

※「表示する」関数はカンマ区切りで文字列や数値を連結できる

※「表示する」関数以外は基本的に問題中に説明あり

8．制御文（条件分岐）

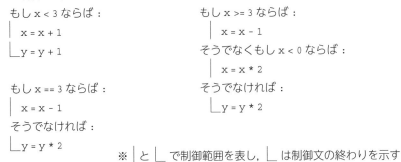

```
もし x < 3 ならば :
  x = x + 1
  y = y + 1

もし x == 3 ならば :
  x = x - 1
そうでなければ :
  y = y * 2
```

```
もし x >= 3 ならば :
  x = x - 1
そうでなくもし x < 0 ならば :
  x = x * 2
そうでなければ :
  y = y * 2
```

※ │ と └ で制御範囲を表し，└ は制御文の終わりを示す

9．制御文（繰返し）

x を 0 から 9 まで 1 ずつ増やしながら繰り返す :

```
  goukei = goukei + Data[x]
```

※「減らしながら」もある

n < 10 の間繰り返す :

```
  goukei = goukei + n
  n = n + 1
```

※ │ と └ で制御範囲を表し，└ は制御文の終わりを示す

10．コメント

`atai = 乱数()` 　　　　#0 以上 1 未満のランダムな小数を atai に代入する

※ 1 行内において # 以降の記述は処理の対象とならない

(注) 本書の「分野別の演習」で掲載している，「情報関係基礎」の過去問では，これとは異なるプログラム表記が用いられていることがありますので，問題の説明をよく読んだ上で取り組んでください。

解答用紙について

　2023 年 6 月に発表された予告では，「情報Ⅰ」の解答用紙は下記のように，⓪〜⑨の数字と@〜@のアルファベットの 14 文字のものが予定されています。

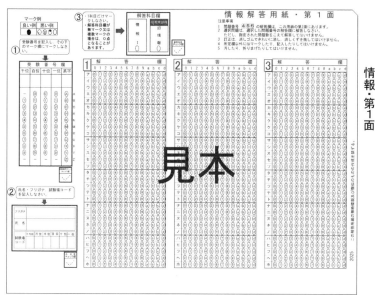

情報・第1面

情報・第2面

チェックリスト

トライした日付を書こう！
問題は解きっぱなしではなく必ず答え合わせをしておくとよい。

第1章　情報社会の問題解決

	1回目（月日）	2回目（月日）
1	／	／
2	／	／
3	／	／
4	／	／
5	／	／
6	／	／
7	／	／
8	／	／
9	／	／

第3章　コンピュータとプログラミング

	1回目（月日）	2回目（月日）
23	／	／
24	／	／
25	／	／
26	／	／
27	／	／
28	／	／
29	／	／
30	／	／
31	／	／

第2章　コミュニケーションと情報デザイン

	1回目（月日）	2回目（月日）
10	／	／
11	／	／
12	／	／
13	／	／
14	／	／
15	／	／
16	／	／
17	／	／
18	／	／
19	／	／
20	／	／
21	／	／
22	／	／

第4章　情報通信ネットワークとデータの活用

	1回目（月日）	2回目（月日）
32	／	／
33	／	／
34	／	／
35	／	／
36	／	／
37	／	／
38	／	／
39	／	／
40	／	／
41	／	／
42	／	／
43	／	／
44	／	／
45	／	／

実戦問題

・試作問題

	1回目（月日）	2回目（月日）
	／	／

・サンプル問題

	1回目（月日）	2回目（月日）
	／	／

第1章

情報社会の問題解決

第1章　情報社会の問題解決　　まとめ

■ 情報とメディア，問題の発見・解決

◆ 情報とメディアの特性

情報：データを整理して解釈を加えたもの

　情報の特性：形がない，消えない，複製が容易，瞬時に伝わる

メディア：情報を伝達するための媒体

メディアの種類

- 表現のためのメディア：文字や音声などの表現手段
- 伝達のためのメディア：電話やインターネットなどの伝達手段
- 記録のためのメディア：紙やメモリカードなどの記録手段

情報の信憑性を確かめる方法

- 情報源や，情報の発信日時を確認する
- 客観的事実であるか意見・推測であるかを確認する
- 専門家など，複数の情報源を確認する
- 自分で見たり実行したりして，その結果を確認する

◆ 問題を発見・解決する方法

問題：理想と現実の差

問題解決の手順：実現したい目標に対して，解決策を考え，よりよい形で実現する

　問題と目標の明確化 ➡ 問題の分析と整理 ➡ 解決策の確定 ➡ 実行 ➡ 振り返り ➡ 共有

問題解決のための手法

- PDCAサイクル：計画（Plan），実行（Do），評価（Check），改善（Act）を繰り返す手法
- シンキングツール：思考を促したり整理したりするための手法
- ブレーンストーミング：テーマについて自由に活発に発言する手法
- ブレーンライティング：紙にアイデアを書き，そこに意見を重ねる手法
- MECE（ミーシー）：もれなく重複することなく物事を確認する手法
- ロジックツリー：問題を分解し，解決すべき要因を挙げる手法

■ 情報社会における個人が果たす責任と役割

◆ 知的財産権

知的財産：知的創作活動によって生み出されたもの

知的財産権：知的財産の創作者が，一定期間それを財産として保護される権利

知的財産権の種類

- 産業財産権：産業に関する発明やデザインなどを保護する権利
- 著作権：学術・芸術などの創造物を保護する権利

産業財産権：**特許庁**に出願し登録することで権利が発生する

権　利	説　明	保護期間
特許権	高度な発明に関する権利	20 年
実用新案権	物の形状や構造などの小発明に関する権利	10 年
意匠権	デザインに関する権利	25 年
商標権	マークや文字などに関する権利	10 年（更新可能）

著作権：創作と同時に権利が発生し，届出や登録は必要ない（**無方式主義**）

① 著作権法で保護される著作物の種類

　○ 文章，音楽，舞踊，美術，建築物，映画，写真，コンピュータプログラム

　△ 法令・判決文（著作物であるが，著作権の対象とはならない）

② **著作者がもつ権利**

著作者人格権	公表権	著作物を公表する権利
	氏名表示権	公表時に氏名を表示するか否かを決める権利
	同一性保持権	内容を勝手に改変されない権利
著作権 （財産権）	複製権	著作物を複製する権利
	上映権・上演権 ・演奏権	上映，上演，演奏する権利
	公衆送信権	放送・インターネットなどで公衆に送信する権利
	口述権	口頭で伝える権利
	展示権	展示する権利
	頒布権	映画の著作物の複製物を販売・貸与する権利
	譲渡権・貸与権	映画以外の著作物を譲渡・貸与する権利
	翻訳権・翻案権	著作物を翻訳・変形し二次著作物にする権利

③ **著作隣接権**

　実演家，レコード製作者，放送事業者などに認められる権利

④ 著作権が制限されるとき

- 保護期間（現在は**著作者の死後・映画の公開後**70年）が過ぎた作品
- 私的使用　（例）自分で購入したCDを自分で聞くためにコピーする
- 引用　（例）引用箇所と出典がわかるように書籍・論文を引用する
- **教育機関**における複製
- **非営利目的**の演奏など　（例）部活動で劇を上演する

◆◆ 個人情報

個人情報：生存する特定の個人を識別できる情報

個人情報保護法：個人情報を取り扱う企業・団体に適切な管理を求める法律

個人情報保護法の内容

- 取得する際に，その**目的**を明示し，**目的以外に利用しない**
- 個人情報が漏れたり，なくなったりしないように**適切に管理**する
- **本人の同意なしに第三者に個人情報を提供しない**

本人の同意なく第三者への情報提供が認められる場合

- 法令に基づく場合
- 人の生命・身体・財産の保護に必要な場合
- 公衆衛生・児童の健全な育成に必要な場合

個人情報取扱事業者の対応義務

- 本人から**開示・訂正・利用停止**請求があれば応じなければならない

◆◆ 情報社会と情報セキュリティ

サイバー犯罪：コンピュータやネットワークを悪用した犯罪

サイバー犯罪の分類

- **不正アクセス禁止法違反**：不正にコンピュータや情報システムに侵入すること
- **コンピュータ・電磁的記録対象犯罪**：端末を不正に操作したりデータを改ざんしたりすること
- **ネットワーク利用犯罪**：ネットワークを利用して行う犯罪

サイバー犯罪の具体例

- **マルウェア**：利用者に被害を与えようと悪意をもって作られたソフトウェア
- **コンピュータウイルス**：コンピュータを感染させて被害を与え，自己増殖して広がるプログラム
- **ボット**：ウイルスに感染させたコンピュータを外部から操り，悪用することを目的としたプログラム
- **スパイウェア**：機器内の情報を収集し，勝手に送信するプログラム
- **ランサムウェア**：ファイルを勝手に暗号化し，元に戻すことを条件に金銭の支払いを要求するプログラム

- **架空請求・ワンクリック詐欺**：クリックしただけで契約が成立したかのような表示をし，料金を請求する詐欺行為
- **フィッシング**：銀行やカード会社を装った Web ページに誘導し，パスワードや暗証番号など個人情報を盗むこと
- **ソーシャルエンジニアリング**：情報通信技術を使わずに，パスワードを盗み見るなど人の隙やミスにつけ込んで情報を盗むこと

情報セキュリティ：情報の機密性・完全性・可用性を確保し，ネットワークを安全に利用するための技術

機密性	完全性	可用性
アクセス権のある者だけが情報にアクセスできること	情報が改変されておらず，正確で完全であること	情報にアクセスしたいときに必ず，中断せずにアクセスできること

情報セキュリティ対策の分類

- **技術的対策**：情報を利用する人を**認証技術**で確認する
  - （例）ID とパスワード，**生体認証**，二段階認証など
- **組織的対策**：情報を管理するルール・対処などを基本方針（情報セキュリティポリシー）としてまとめる

■ 情報技術の役割，望ましい情報社会の構築

社会の変遷

狩猟社会（Society 1.0）➡ 農耕社会（Society 2.0）➡ 工業社会（Society 3.0）➡ 情報社会（Society 4.0）➡ Society 5.0

Society 5.0：仮想空間と現実空間を融合させた未来社会

IoT，ビッグデータ，AI，ロボットなどを活用した新たな社会が到来しつつある

- **IoT**：身のまわりのモノがインターネットにつながる仕組み
- **ビッグデータ**：SNS の書き込みなど，大量で複雑な種類のデータ
- **人工知能（AI）**：問題解決などをコンピュータに行わせる技術

第1章 情報社会の問題解決 演習問題

▶ **Section 1** ▶ 情報とメディア，問題の発見・解決

1 次の文章を読み，後の問い（問1〜8）に答えよ。

　ハヤブサ高等学校の生徒会役員のサクラさんは，数名の友人から「インターネットを利用しているときに，不快な広告を目にすることがある」という声を聞いていた。そこで，学校内にほかにも同じように感じている人がいるのではないかと考え，生徒会の活動としてこの問題を取り上げることにした。

問1　次の会話文は，表示される広告によって不快な思いをする生徒の現状を把握するために，生徒会役員の中で調査方法のアイデアを出すために行ったブレーンストーミングの様子である。ブレーンストーミングの**ルール**に沿っていない発言はどれか。次の会話文中の ⓪〜⑤ のうちから最も適当なものを，一つ選べ。
　　　 ア

　　サクラ：表示される広告によって不快な思いをする生徒の現状について，どうしたら多くの生徒の意見を聞けるかな。私がホワイトボードに書いていくから，アイデアを出していってね。

　　ノゾミ：⓪ 最低でも100名の回答を集めたいから，アンケート用紙を各クラス10人ぐらいにお願いする。

　　ツバサ：① 全校生徒にインタビューする。

　　ノゾミ：② 全校生徒にインタビューなんて無理だよ。

　　コマチ：③ 各クラスで話し合ってもらって，その結果を生徒会に報告してもらう。

　　ミズホ：④ スマートフォンで回答できるアンケートにする。

　　ツバサ：⑤ そう，Webによるアンケートがいい，タブレット端末でも回答できるし。
　　　　　　　（中略）

　　サクラ：いろいろアイデアが出たので，その中から調査方法を決めていこう。

問2　生徒会では，表示される広告によって不快な思いをする生徒の現状について，ブレーンストーミングで出された意見をもとに，Web によるアンケート（以下，Web アンケートという）を行うことにした。Web アンケートに関する説明として**適当でないもの**を，次の ⓪～③ のうちから一つ選べ。　イ

⓪　クラウドサービスによる Web アンケートには，HTML の知識がなくても作成できるものがある。

①　スマートフォン・タブレット端末を持っていない人やインターネットを使えない人にも必ず回答してもらうには，別の手段を考えておく必要がある。

②　Web アンケートは，回答するのが簡単であることから，スマートフォンやタブレット端末を持っている人には必ず回答してもらうことができる。

③　Web アンケートの URL を 2 次元コードや電子メールで配付することにより，回答者が容易に Web アンケートのページにアクセスできる。

問3　生徒会では調査の目的を次のように設定し，Web アンケートの原案を考えた。後の図 1 はその一部である。

＜調査の目的＞
　・広告を見て不快な思いをした経験とインターネット利用状況には関係があるか
　・ハヤブサ高等学校の生徒はどのような種類の広告を不快に感じているか

　このアンケートの原案が，調査の目的に合っているか，生徒会役員で見直したところ，Q1～Q3 について次の ⓪～⑤ の意見が出された。このうち改善案として適当なものを，二つ選べ。ただし，解答の順序は問わない。　ウ ・ エ

⓪　Q1 で「1 時間未満」と答えた人は，Q3 以降の不快な広告についての一連の質問に回答しなくて済むようにする。

①　Q2 で「いいえ」と答えた人は，Q3 以降の不快な広告についての一連の質問に回答しなくて済むようにする。

② Q3で選択した項目について，不快な広告を見た回数を回答できるように質問を追加する。

③ Q3で選択した項目について，どの程度不快に感じたかを4段階で回答できるように質問を追加する。

④ Q3の回答方法を複数選択可に変更する。

⑤ 自由記述は集計できないので，Q3の選択肢から，「その他」を削除する。

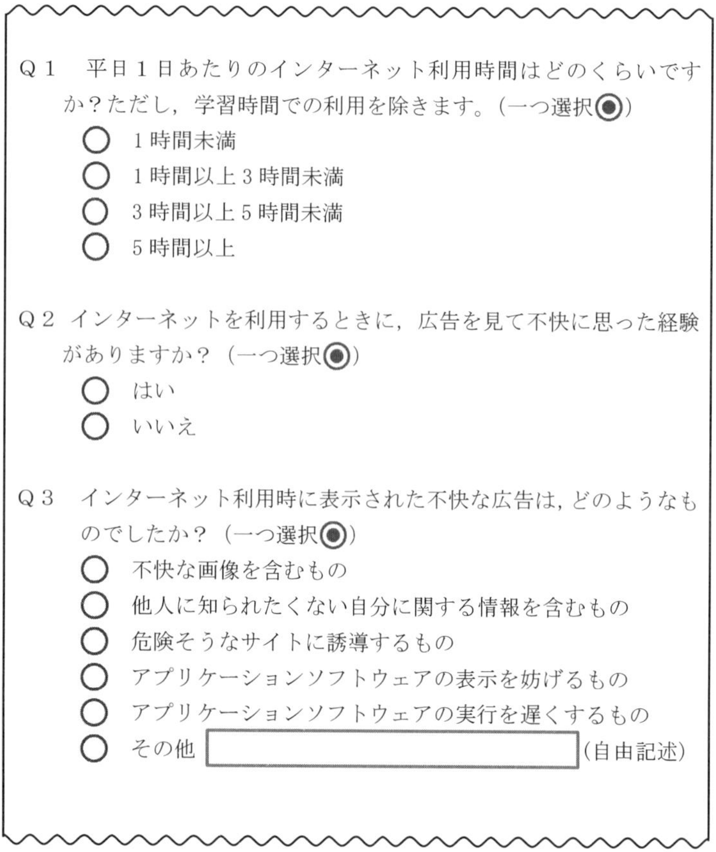

Q1 平日1日あたりのインターネット利用時間はどのくらいですか？ただし，学習時間での利用を除きます。（一つ選択◉）
　　○ 1時間未満
　　○ 1時間以上3時間未満
　　○ 3時間以上5時間未満
　　○ 5時間以上

Q2 インターネットを利用するときに，広告を見て不快に思った経験がありますか？（一つ選択◉）
　　○ はい
　　○ いいえ

Q3 インターネット利用時に表示された不快な広告は，どのようなものでしたか？（一つ選択◉）
　　○ 不快な画像を含むもの
　　○ 他人に知られたくない自分に関する情報を含むもの
　　○ 危険そうなサイトに誘導するもの
　　○ アプリケーションソフトウェアの表示を妨げるもの
　　○ アプリケーションソフトウェアの実行を遅くするもの
　　○ その他 [　　　　　　　　　　　　　　]（自由記述）

図1　Webアンケートの原案の一部

問4　生徒会ではアンケートの改善を行い，ハヤブサ高等学校の全校生徒に対し
　　てWebアンケートを実施した。次の図2は，そのWebアンケートのQ1と
　　Q2である。

Q1　平日1日あたりのインターネット利用時間はどのくらいです
　　か？ただし，学習時間での利用を除きます。（一つ選択◉）
　　○　1時間未満
　　○　1時間以上3時間未満
　　○　3時間以上5時間未満
　　○　5時間以上

Q2　インターネットを利用するときに，広告を見て不快に思った経験
　　がありますか？（一つ選択◉）
　　○　はい
　　○　いいえ

図2　実施したWebアンケートの一部（Q1・Q2）

　　サクラさんは，インターネット利用の時間が長い人ほど，広告を見て不快に
思った経験がある人が多いと考え，表計算ソフトウェアを用いてQ1とQ2を
掛け合わせた回答者数を求め，表1に示した。さらに，それぞれの回答者数の
全回答者数に対する割合を求め表2に，広告を見て不快に思った経験の有無ご
とに各利用時間の割合を求め表3に，利用時間ごとに広告を見て不快に思った
経験の有無の割合を求め表4に示した。

　　表1〜表4から読み取れることとして最も適当なものを，後の⓪〜③のう
ちから一つ選べ。　オ

表1　Q1とQ2を掛け合わせて集計した回答者数（人）

| | | Q1 | | | | |
		1時間未満	1時間以上 3時間未満	3時間以上 5時間未満	5時間以上	計
Q 2	はい	34	196	211	138	579
	いいえ	88	242	128	58	516
	計	122	438	339	196	1095

表2　Q1とQ2を掛け合わせて集計した回答者数の割合（%）

| | | Q1 | | | | |
		1時間未満	1時間以上 3時間未満	3時間以上 5時間未満	5時間以上	計
Q 2	はい	3.1	17.9	19.3	12.6	52.9
	いいえ	8.0	22.1	11.7	5.3	47.1
	計	11.1	40.0	31.0	17.9	100.0

表3　Q2の回答ごとのQ1の回答の割合（%）

| | | Q1 | | | | |
		1時間未満	1時間以上 3時間未満	3時間以上 5時間未満	5時間以上	計
Q 2	はい	5.9	33.9	36.4	23.8	100.0
	いいえ	17.1	46.9	24.8	11.2	100.0

表4　Q1の回答ごとのQ2の回答の割合（%）

| | | Q1 | | | | |
		1時間未満	1時間以上 3時間未満	3時間以上 5時間未満	5時間以上	
Q 2	はい	27.9	44.7	62.2	70.4	
	いいえ	72.1	55.3	37.8	29.6	
	計	100.0	100.0	100.0	100.0	

⓪ 表3と表4のQ1の利用時間ごとのQ2の「はい」と「いいえ」の回答の比は同じである。

① 表3と表4のQ2の回答ごとのQ1の各利用時間の回答の比は同じである。

② 全回答者の中で，広告を見て不快に思った経験があり，かつインターネットの利用時間が1時間以上である人は，90%以上いる。

③ 広告を見て不快に思った経験がない人のうち，インターネット利用時間が3時間未満の人の割合は60%以上である。

問5　コマチさんたちは，Q1とQ2の回答の集計結果をもとにして，インターネットの利用時間ごとに，広告を見て不快に思った経験の有無の割合が比較できるように，グラフにまとめようと考えた。次の会話文中の空欄　カ　に入る最も適当なものを，後の解答群のうちから一つ選べ。また，空欄　キ　については，最も適当なものを，後の ⓪ ～ ③ のグラフのうちから一つ選べ。

コマチ：Q1とQ2の集計の結果を，円グラフで表してみたよ。(図3)

ノゾミ：でも，　カ　ので，この二つのグラフでは比較できないよね。

サクラ：じゃあ，インターネットの利用時間ごとに広告を見て不快に思った経験の有無の割合を比べるにはどうしたらよいだろう。別の種類のグラフの方がよいかな。

ノゾミ：　キ　のようなグラフならば，正しく比較できそうだよね。

コマチ：そうだね。

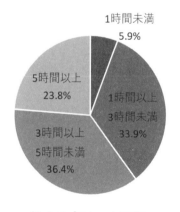

（Q2で「はい」と回答）

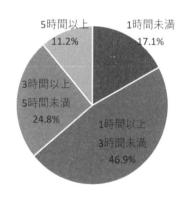

（Q2で「いいえ」と回答）

図3　コマチさんがQ1とQ2の集計結果を表したグラフ

┌─ | **カ** | の解答群 ─────────────────────────┐

⓪ それぞれのグラフでQ1の回答が割合で表されている

① グラフだけでは，Q2のそれぞれの回答の総数がわからない

② Q1の回答ごとにQ2の回答の円グラフを作っていない

③ 両方の円グラフの大きさが等しい

└──────────────────────────────────────┘

⓪
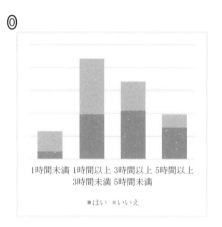

①
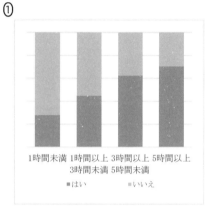

②
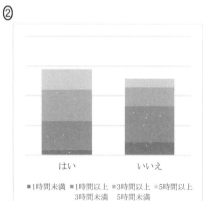

③
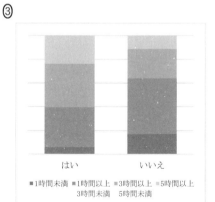

問6　ノゾミさんとツバサさんは，次のQ6（図4）の回答を分析する担当になった。

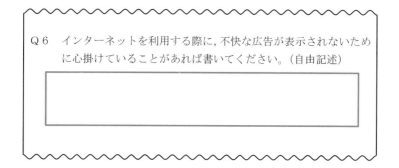

図4　実施した Web アンケートの一部（Q6）

　そこで二人は，回答のテキストデータをもとにハヤブサ高等学校の生徒が心掛けていることについて，その傾向を整理するための分析方法を考えた。分析方法として最も適当なものを，次の⓪〜④のうちから一つ選べ。　ク

⓪　表計算ソフトウェアの並べ替えの機能を用いて昇順に並べ替え，上位にくる回答を重要視して傾向をつかむ。

①　回答を文字数の多い順に並べ替え，上位にくる内容を重要視して傾向をつかむ。

②　多く出現する単語を調べ，その単語が出てくる回答を取り出して，内容が似ている回答を比較検討しグループ化して傾向をつかむ。

③　回答を読んで，誤字脱字の数を集計して傾向をつかむ。

④　回答の長さの分布をグラフで表して傾向をつかむ。

問7　Q3では，「不快な画像を含むもの」，「危険そうなサイトに誘導するもの」の回答が多かった。生徒会では，スマートフォンでこのような広告ができるだけ表示されないような対策を提案することを考えた。効果のある方法として最も適当なものを，次の ⓪〜③ のうちから一つ選べ。　ケ

⓪　OS のバージョンを最新のものにする。
①　スマートフォンのロックを解除するパスワードを複雑なものにする。
②　ウイルス対策のソフトウェアを導入する。
③　フィルタリングの設定を有効にする。

問8　生徒会では，これまでの調査とその分析結果，および不快な広告を表示しないようにする対策を，「ハヤブサ高等学校の生徒のインターネット利用状況と不快な広告」という資料にまとめ，全校生徒に知らせることにした。次のA〜Dのうち，資料の内容がわかりやすく伝わるようにするために行うことはどれか。すべて選んだ組合せとして最も適当なものを，後の ⓪〜⑨ のうちから一つ選べ。　コ

A　内容の順序や章立てを工夫し，資料の構成を考える。
B　文字を小さくして，1ページあたりの情報の量を増やす。
C　内容のイメージが伝わりやすいように，文字情報だけで詳しく掲載する。
D　原稿をクラスの生徒の何人かに読んでもらい，わかりにくいところなど意見が出た箇所を修正する。

⓪　A　　　　　①　B　　　　　②　C　　　　　③　D
④　AとB　　　⑤　AとC　　　⑥　AとD　　　⑦　BとC
⑧　BとD　　　⑨　CとD

〔2022年11月公表 試作問題「旧情報」第6問〕

> **Section 2** ▶　情報社会における個人が果たす責任と役割

2 次の文章を読み，後の問い（**問1～3**）に答えよ。

　　ある学校の Web サイト内に，生徒会の Web ページを作成し，各委員会の紹介をすることになった。担当を任された生徒たちが相談をはじめた。

A：各委員会の紹介ページをわかりやすくするアイデアはないかな。

B：各委員会の活動がイメージできる画像があるといいな。例えば図1の無線 LAN のマークのデザインのように，ぱっと見るだけで伝えたいメッセージが分かるようにできないかな。

図1　無線 LAN のマーク

C：それは一般にピクトグラムといわれるものだね。面白いと思うよ。

A：ネットには素材として紹介されているものもあるね。<u>a 使えるものがないか探してみよう。</u>素材の利用規約も確認してみるよ。

B：そうだね。でも私たちで独自のデザインもしてみたいな。

A：独自のものができたら，せっかくなら広く使ってもらいたいな。私たちの生徒会から発信できたらいいね。

C：もし良いピクトグラムができて，他の学校とか，もしかしたら，企業とかがビジネスで使いたいって話が出たらどうする。

B：<u>b 企業なども含め自由に使ってもらったらいいのではないかな。</u>でも私たちが作成したことは伝えたいよね。また，使ってもらうだけじゃなくて，もっといいデザインに改良したら公開してもらったり，それを私たちも使わせてもらえたりしてもうれしいな。

C：そうなったら面白いね。ぜひ学校外の人たちも興味を持ってもらえるようなピクトグラムを考えてみよう。良い案ができたら，類似のデザインがないか調べてみるよ。

問1　下線部 a に関して，A さんは，有料のイラスト素材集サイトの中で使って
みたい画像データをいくつか見つけることができた。このイラスト素材集の
利用規約から抜粋したものを以下に示す。

> 1．購入いただいたコンテンツの利用にあたっては，本ライセンス契約の
>   遵守を条件に，公衆送信も含め，私用・商用を問わず，何度でも，期間
>   の制限なくコンテンツを利用できます。
> 2．購入いただいたコンテンツを使用するにあたり，当社が使用権を許諾
>   した後も，著作権等コンテンツに係る諸権利は，当該コンテンツの著作
>   者又は著作権者に帰属し，お客様への権利の移転は行われません。
> 3．購入いただいたコンテンツは，トリミング，反転，サイズ変更，色変
>   更，文字乗せ，簡単な合成等の範囲において加工が可能です。
> 4．お客様は，有償無償を問わず，購入いただいたコンテンツに対し，転
>   売，譲渡，又は第三者に利用を許諾する等の行為をしてはなりません。

コンテンツ利用規約（抜粋）

　　自分で購入したイラストの画像データについて，著作者又は著作権者に許諾
を得ることなく，次の**あ～う**の行為を行った場合，権利を侵害する行為はどれ
か。すべて選んだ組合せとして最も適当なものを，後の ⓪ ～ ⑥ のうちから一つ
選べ。　| ア |

あ　A さんは，イラストの画像データを友人が使いたいというので，そのまま
　　コピーして渡した。その際お金はもらわなかった。

い　A さんは，イラストの画像データを背景に使用して，生徒会の広報動画の
　　中に組み込み，動画配信サイトにアップした。

う　A さんは，イラストの画像データの色合いを加工し，自分の著作物として
　　名前を入れて生徒会の Web サイトにアップした。

⓪ あ	① い	② う	③ あとい
④ あとう	⑤ いとう	⑥ あといとう	

問2　下線部 b の考えに従って，独自のピクトグラムにおける著作権の行使について，次の文の空欄　イ　・　ウ　に入れる最も適当なものを，後の ⓪～⑤ のうちから一つずつ選べ。

　　　自分たちのピクトグラムであることを示すために　イ　を行使するが，他者が作品を改変して公開できるようにするために　ウ　は**行使しない**。

⓪　氏名表示権　　　　　　　①　上映権
②　同一性保持権　　　　　　③　翻訳権
④　頒布権　　　　　　　　　⑤　著作隣接権

問3　次の文章を読み，空欄　エ　に当てはまる数字をマークせよ。また，空欄　オ　に入れるのに最も適当なものを，後の解答群のうちから一つ選べ。

　　　B さんは，作成した独自のピクトグラムを下線部 b の考えに従って，クリエイティブ・コモンズ・ライセンス（以下，CC ライセンス）を示して Web サイトに公開することにした。CC ライセンスは，著作者による作品の著作権に関する意思表示の方法の一つである。4 種類の条件を表すアイコン（表1）を組み合わせて示すことで，利用者に設定条件の範囲内であれば自由に作品を利用できるという著作者の意思をライセンスとして表示できる。

表1　CC ライセンスの種類

表示	非営利	改変禁止	継承
BY	NC	ND	SA
作品のクレジットを表示すること	営利目的での利用をしないこと	元の作品を改変しないこと	元の作品と同じ組合せの CC ライセンスで公開すること

　四つのアイコンで表される条件それぞれの適用・不適用を考えると，全部で 2 の 4 乗の 16 種類の組合せが考えられるが，CC ライセンスでは，必ず「表示 (BY)」が適用され，「継承 (SA)」は改変した場合についての条件であるので「改変禁止 (ND)」と同時に適用されることはない。したがって，CC ライセンスは条件の組合せとして，全部で　エ　種類考えられることになる。その中から，B さんは下線部 b の考えをもとに CC ライセンスの条件の組合せとして　オ　を選択した。

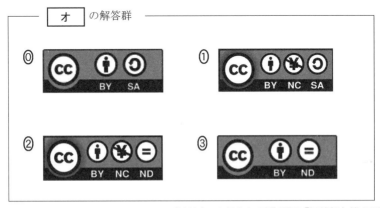

〔2022 年 11 月公表 試作問題「旧情報」第 3 問〕

第1章

3　次の文章の空欄　ア　に入れるのに最も適当なものを，後の解答群のうちから一つ選べ。

　　著作者の権利には，公表権が含まれている。公表権とは，まだ公表されていない著作物を公衆に提供または提示する権利であり，言い換えれば，著作者の意に反して自らの著作物が公表されることのない権利と言える。これをふまえると，　ア　は，著作者の権利のうち公表権を侵害する可能性がある。

　ア　の解答群

⓪　友人がこっそりノートに描きためていたイラストをのぞき見して，その感想を無断で SNS に書き込んでしまうこと

①　友人がこっそりノートに描きためていたイラストを，無断で SNS に公開してしまうこと

②　イラストを描いているときの友人の顔を写真に撮り，無断で SNS に公開してしまうこと

③　友人が秘密にしていたのに，友人の趣味がイラストを描くことであることを無断で SNS に書き込んでしまうこと

〔2022 年度 本試験「情報関係基礎」第 1 問 問 2 a〕

4　次の記述の空欄　ア　・　イ　に入れるのに最も適当なものを，下の解答群のうちから一つずつ選べ。

　　「著作者の権利」はいくつかの権利からなっており，それらは大きく著作者人格権と著作権(財産権)に分けられる。著作者人格権に含まれるものとしては　ア　が，著作権(財産権)に含まれるものとしては　イ　が挙げられる。

─── ア ・ イ の解答群 ───
⓪ 意匠権　　　　① 肖像権　　　　② 商標権
③ 相続権　　　　④ 知的財産権　　⑤ 同一性保持権
⑥ 特許権　　　　⑦ パブリシティ権　⑧ 複製権

〔2021年度 第1日程「情報関係基礎」第1問 問1 d〕

5 次の文章を読み，空欄 ア ・ イ に入れるのに最も適当なものを，後の解答群のうちから一つずつ選べ。ただし，解答の順序は問わない。

クリエイティブ・コモンズ(CC)ライセンスでは，次の四つの条件を組み合わせて権利者が著作物の利用条件を指定し，バナーなどで表示することができる。ただし BY は必須である。それ以外はオプションであるが，矛盾する条件を指定することはできない。

（👤）BY ― 作品のクレジット(作者名など)を表示すること

（💴）NC ― 営利目的で利用しないこと

（＝）ND ― 元の作品を改変しないこと

（◎）SA ―（改変してよいが）元の作品のライセンスを継承すること

解答群のバナーのうち，組合せが誤っているものは ア と イ である。

─── ア ・ イ の解答群 ───

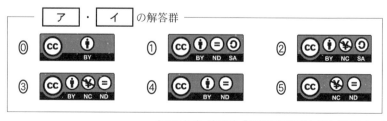

〔2022年度 追試験「情報関係基礎」第1問 問1 c〕

6 次の記述の空欄 ア ・ イ に入れるのに最も適当なものを，下の解答群のうちから一つずつ選べ。

電子メールは，インターネット上で広く使われているが，その利用には注意が必要である。例えば，企業からのお知らせメールなどを装って本物そっくりの偽サイトに誘導し秘密情報を入力させる ア という詐欺行為の被害にあうことがある。また，添付ファイルに含まれていた イ が不正な処理を行うこともある。

─── ア ・ イ の解答群 ───
⓪ ウイルス   ① 架空請求   ② 個人情報
③ スパムメール   ④ チェーンメール   ⑤ DoS 攻撃
⑥ ディジタル署名   ⑦ フィッシング   ⑧ ワンクリック詐欺

〔2021 年度 第 2 日程「情報関係基礎」第 1 問 問 1 a〕

▶ Section 3 ▶　情報技術の役割，望ましい情報社会の構築

7　ビッグデータの活用例として，大量のデータから統計学的手法などを用いて新たな知識（傾向やパターン）を見つけ出すプロセスはどれか。最も適切なものを選択肢の中から選び，その番号をマークしなさい。

① データマイニング
② データウェアハウス
③ データディクショナリ
④ メタデータ

〔武蔵野大学　2021年度　全学部統一選抜 1/24　大問1　問6〕

8　電子商取引（エレクトロニックコマース）の中で，個人がお店から買い物をするネットショッピングのような取引形態を何というか。

(A) B to B　　(B) B to C　　(C) B to G　　(D) C to C

〔中央学院大学　2021年度　一般1期B日程 2/4　問題Ⅰ ⑾〕

9　コンピュータ資源の利便性を高めるため，例えば，特定のコンピュータの中にファイルを保存しないで，ネットワークドライブと呼ばれる場所に保存することで，コンピュータをインターネットにつなげば，何時でも何処からでもファイルを利用することができるといったサービス形態の総称を何というか。

(A) ウェアラブルコンピューティング
(B) クラウドコンピューティング
(C) モバイルコンピューティング
(D) 並列コンピューティング

〔中央学院大学　2021年度　一般1期B日程 2/4　問題Ⅰ ⑿〕

第1章　情報社会の問題解決

解答解説

▶ Section 1 ▶　情報とメディア，問題の発見・解決

1　問1　**ア**　正解は②

　ブレーンストーミングのルールは，「他の人の発言を批判しない」「遠慮しないで自由に発言する」「他の人の発言に便乗した改善案も歓迎する」「質より量を重視する」の4点である。②はこれらのうち「他の人の発言を批判しない」というルールに沿っていないといえる。

問2　**イ**　正解は②

　Google Forms など，HTML の知識がなくても簡単に Web アンケートを作成・集計できるサービスもある。しかしネットワークの不具合やインターネット環境がない状況，スマートフォンなどの端末がない状況，あっても使い慣れていない状況を想定し，紙のアンケートを用意するなど，別の手段を考えておくことも必要である。また，回答するのが簡単な Web アンケートであっても，端末を持っている人に「必ず回答してもらうことができる」わけではないので，②が不適。

問3　**ウ**・**エ**　正解は①・④（順不同）

　⓪は利用時間が短い人でも広告を見て不快な思いをした経験がある可能性はあり，Q3以降の質問の対象者になりうるので誤り。②の回数と③の不快さの程度は，調査の目的と関係がないため質問する必要がないので誤り。⑤の自由記述も集計可能であり，アンケート作成者が想定した以外の回答も出る可能性があることから残しておいた方がよいので誤り。

問4　**オ**　正解は③

　③の「不快に思った経験がない人のうち，インターネット利用時間が3時間未満の人」は，表3より 17.1＋46.9＝64％となるので正しい。表3は Q2で「はい」「いいえ」と答えた人の中で利用時間ごとの割合を示し，表4は Q1の各利用時間の中での「はい」「いいえ」と答えた人の割合を示す。ゆえに⓪も①も，「同じ」ではないので誤り。②の「広告を見て不快に思った経験があり，かつインターネットの利用時間が1時間以上である人」は，表2より 17.9＋19.3＋12.6＝49.8％となるので，「90％以上いる」が誤り。

問5 **カ** 正解は② **キ** 正解は①

問題文に「インターネットの利用時間ごとに，広告を見て不快に思った経験の有無の割合」をグラフにまとめるとあるので，Q1の回答（インターネットの利用時間）ごとのQ2の回答（広告を見て不快に思った経験の有無）の割合を示す必要がある。しかし，図3の円グラフはQ2の回答ごとのQ1の回答の割合を示す円グラフなので，カに入るのは②が適当となる。

キも同様に「インターネットの利用時間ごとに，広告を見て不快に思った経験の有無の割合」を示す必要があるので，インターネットの利用時間ごとの，広告を見て不快に思った経験の有無の割合を示すグラフ①が正解となる。

問6 **ク** 正解は②

自由記述では，多く出てくる単語で回答を抽出するなどして，内容が似ている回答をまとめて傾向をつかむことが大切である。ゆえに②が正しい。⓪の昇順では五十音順や日時により並ぶだけであり，①の文字数の多さ，③の誤字脱字の数，④の回答の長さの分布も，本来分析すべき内容とは全く関係のない要素なので適切でない。

問7 **ケ** 正解は③

「広告ができるだけ表示されないような対策」として有効なものはフィルタリングの設定であるので，③が適当である。⓪の最新OSや②のウイルス対策ソフトウェアは，ウイルス対策としては有効であるが，広告の表示を減らす効果はない。①は，ロックを解除するパスワードを複雑にしても広告の表示には関係がないので誤り。

問8 **コ** 正解は⑥

A，Dは正しい。Bは，文字を小さくすると読みにくくなり必要な情報が伝わりにくくなるので誤り。Cは，文字情報だけでは伝えたいことが一目でわかりにくく，図や表を用いることが有効であるので誤り。

▶ **Section 2** ▶　情報社会における個人が果たす責任と役割

2　問1　｜　ア　｜　正解は④

　「あ」の，友人に「コピーして渡した」は利用規約4の「譲渡」にあたるので権利を侵害する。「い」の「背景に使用して…動画配信サイトにアップした」は利用規約1に「公衆送信も含め，私用・商用を問わず…利用できます」とあるので権利を侵害しない。「う」の「画像データの色合いを加工」までは利用規約3の「加工が可能」にあたるが，「自分の著作物として」は利用規約2に「著作権等コンテンツに係る諸権利は…お客様への権利の移転は行われません」とあるので権利を侵害することになる。

問2　｜　イ　｜　正解は⓪　｜　ウ　｜　正解は②

　イは「自分たちのピクトグラムであることを示すために」とあるので⓪氏名表示権を行使することが，ウは「他者が作品を改変して公開できるようにするために」とあるので②同一性保持権を行使しないことが正しい。

問3　｜　エ　｜　正解は⑥　｜　オ　｜　正解は⓪

　「表示」は必ず適用となるので1通り。「非営利」は適用・不適用があるので2通り。説明文から「継承」は「改変禁止」と同時に適用されるケースはないので，考えられる組合せは，「改変禁止」適用，「改変禁止」不適用で「継承」適用，「改変禁止」不適用で「継承」不適用，の3通りとなる。ゆえに条件の組合せとしては，全部で1×2×3＝6種類考えられることになる。

　下線部bに「企業なども含め自由に使ってもらったらいい」が「私たちが作成したことは伝えたい」，デザインは「改良し」てもらってもよい，とある。したがって「表示」適用，「非営利」不適用，「改変禁止」不適用，「継承」適用となり，⓪が正しい。

3　｜　ア　｜　正解は①

　問題文に「著作者の意に反して自らの著作物が公表されることのない権利」とあるので，①の「友人がこっそりノートに描きためていたイラストを，無断でSNSに公開してしまうこと」がその例にあたる。⓪は著作権上の問題ではなく，②は肖像権の問題，③はプライバシー権の問題となるので誤り。

4　　ア　正解は⑤　　　イ　正解は⑧

　著作者人格権に含まれるものとしては⑤同一性保持権のほか公表権，氏名表示権などがある。また著作権（財産権）に含まれるものとしては⑧複製権のほか上映権・上演権・演奏権，公衆送信権などがある。

5　　ア・イ　正解は①・⑤（順不同）

　問題文から，条件は「BY は必須」であり，「矛盾する条件を指定することはできない」。⑤は BY のマークがないので誤り。また，クリエイティブ・コモンズの4つの条件のうち，ND と SA が「元の作品を改変しない／してよい」と矛盾するので，この2つのマークが併存している①も誤り。

6　　ア　正解は⑦　　　イ　正解は⓪

　アの「本物そっくりの偽サイトに誘導し秘密情報を入力させる」詐欺行為は，⑦フィッシング。イの「添付ファイルに含まれてい」て「不正な処理を行う」のは⓪ウイルスが正しい。

▶ Section 3 ▶　情報技術の役割，望ましい情報社会の構築

7　正解は①

　①データマイニングは大量のデータを統計学的手法で，AI などを使って分析し，相関関係やパターン・傾向など，新たな知識を得る手法である。なお，テキストデータを分析するテキストマイニングもその一種である。

8　正解は⒝

　電子商取引には企業間取引の B to B（Business to Business），企業対個人の取引の B to C（Business to Consumer），個人間の取引の C to C（Consumer to Consumer）がある。

9　正解は⒝

　クラウドコンピューティングとは，インターネットなどのコンピュータネットワークを通じて，サーバなどを利用してデータを保存するサービスのことである。

第2章

コミュニケーション
と情報デザイン

第2章 コミュニケーションと情報デザイン まとめ

情報のデジタル化

◆ アナログとデジタル

アナログ：連続して変化する量を，別の連続して変化する量で表現する方式

デジタル：連続して変化する量を，一定間隔で区切って数値で表現する方式

A/D 変換：アナログからデジタルへの変換

D/A 変換：デジタルからアナログへの変換

デジタルデータの特徴

- 違う種類のデータを同じメディアに保存可能
- 統合・加工・編集が容易
- 複製・伝送をしても劣化しにくい

コンピュータとデジタル：コンピュータは2進法で表現し処理している

- 1ビット（bit）：2進法の1桁（0と1）を表す情報量
- 1バイト（byte）：8ビットをまとめた単位。$2^8 = 256$ 通りの表現が可能

読み	単位	対応
バイト	B	1B＝8 bit
キロバイト	KB	1KB＝1024 B＝2^{10}B
メガバイト	MB	1MB＝1024 KB＝2^{20}B
ギガバイト	GB	1GB＝1024 MB＝2^{30}B
テラバイト	TB	1TB＝1024 GB＝2^{40}B
ペタバイト	PB	1PB＝1024 TB＝2^{50}B

（注） $10^3 = 1000$ 倍ごとに計算されることもある

2進法と10進法の相互変換

10進法から2進法への変換

2進法から10進法への変換

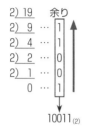

$$10011_{(2)}$$

$$1 \quad 0 \quad 0 \quad 1 \quad 1$$
$$\times \quad \times \quad \times \quad \times \quad \times$$
$$2^4 \quad 2^3 \quad 2^2 \quad 2^1 \quad 2^0$$
$$\downarrow \quad \downarrow \quad \downarrow \quad \downarrow \quad \downarrow$$
$$16 + 0 + 0 + 2 + 1$$
$$\downarrow$$
$$19_{(10)}$$

◆ 文字のデジタル表現

文字コード：文字や記号に固有の数値を割り当てた体系
- ASCII（アスキー）：7ビットで英数字や記号を表現する
- JISコード：ASCIIを日本語版に拡張したもの
- Unicode（ユニコード）：多国語を共通して利用するために開発された

フォントの種類
- ビットマップフォント：ドットの配置を記録して文字を表現する
- アウトラインフォント：文字の輪郭線を座標を用いて記録する

◆ 音のデジタル化

音：空気の振動が連続して伝わっていく波の現象
音のアナログデータ：マイクロホンで空気の振動をとらえ，アナ
　　　　　　　　　　ログの電気信号に変換したもの

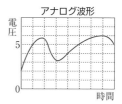

↓

① **標本化（サンプリング）**
　　アナログデータを一定時間ごとに区切り，波の高さを取り出す
　　サンプリング周波数（Hz）：1秒間に何回サンプリングをする
　　　　　　　　　　　　　　　かを表す数

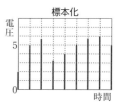

↓

② **量子化**
　　波の高さをあらかじめ決めた目盛りの近い値に変換する
　　量子化ビット数（bit）：目盛りの間隔，取り出す段階のこと

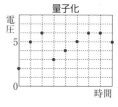

↓

③ **符号化**
　　量子化で得られた値を2進法に沿って表現する

2	5	6	3	…
010	101	110	011	…

　計算 音のデータ量＝サンプリング周波数×量子化ビット数
　　　　　　　　　　　　　　×チャンネル数×秒数

◆ 画像のデジタル化

画素：画像を表現する最小の単位
解像度：画素の細かさ
階調：光の3原色であるR（赤）・G（緑）・B（青）各色の濃淡を表す段階値
　　　（例）24ビットフルカラー：RGB各8ビット・256階調の組み合わせによる表現

色の構成
- **加法混色**：光の3原色R（赤）・G（緑）・B（青）の組み合わせで様々な色を表現
- **減法混色**：色の3原色C（シアン）・M（マゼンタ）・Y（イエロー）の組み合わせで様々な色を表現

画像の形式
- **ビットマップ形式（ラスタ形式）**：画素の集合として画像を表す
- **ベクトル形式（ベクタ形式）**：画像を構成する線や始点終点を座標・数式で表現する

計算 ビットマップデータ量＝1色あたりのデータ量×色数×画素数

◆◆ 動画のデジタル化

フレーム：動画を構成する1枚1枚の静止画像

フレームレート：1秒あたりの動画のフレーム数

ビデオコーデック：動画を圧縮したり展開したりする技術・アルゴリズム

計算 動画のデータ量＝1フレームあたりのデータ量×フレームレート×秒数

◆◆ データの圧縮

圧縮：あるデータを内容を保ったまま変換し，データ量を減らす処理
- **可逆圧縮**：圧縮したファイルを元通りのファイルに戻すことができる圧縮方式
- **非可逆圧縮**：同じファイルに戻すことができない圧縮方式

圧縮率：元のデータに比べてどれくらいデータ量を少なくできたかの割合

計算 圧縮率〔%〕＝圧縮後のデータ量÷圧縮前のデータ量×100

圧縮する方法
- **ランレングス法**：同じデータの連続部分に注目して圧縮する
- **ハフマン符号化**：出現頻度が高いデータに短いビット列を割り当てて圧縮する

■ 情報デザイン

情報デザイン：社会の問題をデザインを通して解決するための表現方法・技術

情報デザインの手法
- **抽象化**：余分な情報を除いてシンプルに表現する
- **可視化**：データを表・グラフ・図などで視覚的に表現する
- **構造化**：情報のまとまりと関係性をわかりやすく整理する

デザインの工夫
- **ユニバーサルデザイン**：年齢・言語・文化・障がいの有無にかかわらず，多くの人が柔軟に直感的に使いやすいデザイン
- **アクセシビリティ**：モノやサービスにたどり着くまでのアクセスのしやすさ
- **ユーザビリティ**：モノやサービスの使いやすさ，わかりやすさ

- シグニファイア：あるモノに対して実施可能な操作や行為を示すサイン
  （例）ペットボトル用ごみ箱の丸い投入口

配色の工夫

色の三属性：色相，明度（明るさ），彩度（鮮やかさ）

色相環：色相の関係を環状に表した図

- 類似色（色相環で隣り合った色）→ まとまりのある印象に
- 補色（色相環で向かい合った色）→ 派手な印象に

■ メディアの特性，効果的なコミュニケーション

メディアとコミュニケーション

コミュニケーション：人どうし意思や感情，考えを伝達しあうこと

メディア：情報の送り手と受け手を媒介するもの

メディア・リテラシー：メディアを適切に活用する能力

コミュニケーションの分類例

- 受け手の人数：1対1，1対多，多対多
- 同じ時間の共有：同期，非同期

インターネット上のコミュニケーションの特徴

- 情報拡散の速さと広さ
- 匿名性（個人が特定されにくい）
- 情報の信憑性のばらつき（嘘も多い）

インターネットの発展

起源：ARPANET（1969年 米国）
　　　　TCP/IP による接続，パケットによる通信など，インターネットの原型

現在：ブロードバンドの普及で情報量が増加
　　　（例）FTTH：光ファイバ回線，CATV：ケーブルテレビ

ソーシャルメディア：多数の人々や組織が相互に情報発信し共有するサービス
　　　　　　　　　　（例）ブログ，SNS，メッセージ交換アプリ，動画共有サイト，電子
　　　　　　　　　　　　　掲示板など

第2章　コミュニケーションと情報デザイン　演習問題

▶ **Section 1** ▶　情報のデジタル化

10　次の会話文を読み，空欄 ア ～ ウ に当てはまる数字をマークせよ。

生徒：先日，SOSのモールス信号を教えてもらいました。

先生：船舶などで昔使われていた短い符号のトン（・）と長い符号のツー（－）だけで文字や数字を表すものだね。

生徒：SOSは，トントントン　ツーツーツー　トントントン（・・・　－－－　・・・）で表現するんですね。なんか2進法みたい。

先生：トン（・）とツー（－）の組合せで符号化しているという意味では2進法で表した情報と共通しているね。ところで，アルファベットは26種類あるけど，それらを表現するのに少なくとも何ビット必要かな？

生徒：ええっと，26種類だから少なくとも ア ビットあれば表現できますね。

先生：はい，そのとおりです。

生徒：あれ？SOSのSやOは3つの符号で表現できている。どうしてかな？

先生：それは，アルファベットなどの文字と文字の間に無音を入れて区切りを分かるようにして，文字によって符号の長さを変えているからなんです。

生徒：文字によってトン（・）とツー（－）の数が違うのですか？

先生：表1を見てごらん。例えば，Eはトン（・），Aはトンツー（・－），Bはツートントントン（－・・・）といったように，アルファベットは最小1つ最大4つのトン（・）とツー（－）の組合せで表されるんですよ。

生徒：そうか，そうすると，トン（・）とツー（－）のいずれか1つであればトン（・）とツー（－）の2通り，2つであれば4通りだから，2つまでで表現できるのは6通りということですね。えーっと，そうなると，4つまでのトン（・）とツー（－）の組合せで イ ウ 通り表せるから26種類のアルファベットを表すだけであれば十分ということですね。

先生：よく理解できていますね。

表1　モールス信号の符号（アルファベットのみ）

文字	符号	文字	符号
A	・ －	N	－ ・
B	－ ・ ・ ・	O	－ － －
C	－ ・ － ・	P	・ － － ・
D	－ ・ ・	Q	－ － ・ －
E	・	R	・ － ・
F	・ ・ － ・	S	・ ・ ・
G	－ － ・	T	－
H	・ ・ ・ ・	U	・ ・ －
I	・ ・	V	・ ・ ・ －
J	・ － － －	W	・ － －
K	－ ・ －	X	－ ・ ・ －
L	・ － ・ ・	Y	－ ・ － －
M	－ －	Z	－ － ・ ・

〔2022年11月公表 試作問題「旧情報」第1問A　問3〕

11 次の文章を読み，後の問い（a～c）に答えよ。ただし，1 M＝1000k，1 k＝1000とし，データは圧縮されず，送信中にデータの損失や遅延は生じないものとする。また，bps（ビット/秒）とは，1 秒間に通信できるビット数を表す単位である。

リオさんは風景の動画をスマートフォンで撮影して，自分の Web ページに公開することが多い。しかし，月末になるとデータ通信量が契約プランの上限に達してしまい，速度制限がかかり通信速度が遅くなってしまうことがある。データをアップロードする際の通信速度を調べたところ，通常は50Mbpsであるが，速度制限がかかると 100kbps に低下することが分かった。通信速度100kbps では，50M バイトの動画をアップロードする場合，　**ア**　かかることになる。

そこで, リオさんは, データ通信量を減らすために, 撮影する動画について確認したところ, リオさんのスマートフォンのビデオ撮影では, A解像度を 640×360 と 1280×720 の二つから選択できることが分かった。次に, リオさんは, 今後のデータ通信量の目安にするために, 各解像度の1秒間あたりのデータ量を算出することにした。音声データを含まない動画の1秒間のデータ量は, 解像度 1280×720 の場合は, 640×360 の ウ 倍となる。ただし, 1秒間のフレーム数は同じとする。

a 空欄 ア に入れるのに最も適当なものを, 次の ⓪ ~ ⑤ のうちから一つ選べ。

⓪ 4秒 ① 40秒 ② 50秒
③ 6分40秒 ④ 8分20秒 ⑤ 66分40秒

b 下線部Aについて, その特徴として最も適当なものを, 次の ⓪ ~ ③ のうちから一つ選べ。 イ

⓪ 解像度を高くすると表現できる色の数が増える。
① 解像度を高くすると明るさが増す。
② 解像度を低くすると画質が粗くなる。
③ 解像度を低くすると動画の再生が遅くなる。

c 空欄 ウ に当てはまる数字をマークせよ。

〔2022年11月公表 試作問題「旧情報」第1問A 問4〕

12 次の文章(a～d)を読み，空欄 **アイ** に当てはまる数字をマークせよ。また，空欄 **ウ** ～ **ク** に入れるのに最も適当なものを，後の解答群のうちから一つずつ選べ。

a 600 × 600 ピクセルの RGB カラー画像を記録したものと，1800 × 1200 ピクセルの 256 階調グレースケール画像を記録したものが，同じデータサイズであった。この場合，RGB カラーで記録した画像データは 1 ピクセルあたり **アイ** ビットで記録されていたことになる。ただし，データの圧縮は行わず，画像以外のデータは考えないものとする。

b ネットワーク経由で動画を配信する方式の一つであり，データを受信しながら同時に再生することができる **ウ** 方式では，基本的には再生終了後にデータがファイルとして残らないため，動画配信者にとっては不正コピーの心配が軽減されるという利点がある。

c 注意や情報をひと目で理解できるように示すため，次の図 1 のようなピクトグラムが用いられている。ピクトグラムは **エ** ため，特定の言語に依存しない情報伝達が可能となる。ピクトグラムには，日本の産業製品生産に関する規格である **オ** で制定された図記号に含まれるものもある。ピクトグラムに関してこのような制定を行うことには，**カ** という利点がある。

図 1　ピクトグラムの例

d あるコンビニエンスストアでは，次の図 2 のような 2 次元コードをリーダに読み取らせて支払いを行うことができる。2 次元コードは，一部が汚れて欠けていても正しく読み取ることができる。これは **キ** ためである。このコンビニエンスストアでは，支払い手段として非接触型 IC カードを利用することもできる。非接触型 IC カードは，IC チップに記録されたデータを電波で読み書きできる方式であり，**ク** という利点がある。

図 2　2 次元コードの例

┌─ **ウ** の解答群 ─────────────────────────┐

⓪ スキミング　　　① ストリーミング　　　② トリミング

③ フィッシング　　　④ ミラーリング　　　⑤ レンダリング

└───────────────────────────────────┘

┌─ **エ** の解答群 ─────────────────────────┐

⓪ 絵で情報を伝える　　　　　① 著作権が放棄されている

② 音声で情報を伝える　　　　③ 表意文字を元に作られている

└───────────────────────────────────┘

┌─ **オ** の解答群 ─────────────────────────┐

⓪ ASCII　　　　① IEEE　　　　② JIS　　　　③ Unicode

└───────────────────────────────────┘

┌─ **カ** の解答群 ─────────────────────────┐

⓪ 同じ意味を表す異なるピクトグラムの乱立を防ぐことができる

① ピクトグラムを誰もが自由に改変できるようになる

② ピクトグラムの解釈に多様性が生まれる

③ 日本の産業製品生産に関する規格の信頼性が増す

└───────────────────────────────────┘

┌─ **キ** の解答群 ─────────────────────────┐

⓪ コードの読み取りに機械学習による推論が利用されている

① コードに誤りを訂正するための情報が付加されている

② コードの隅にある三つのマークで常に正しい向きが検出される

③ コードの読み取り用カメラに汚れを透過する機能が備わっている

└───────────────────────────────────┘

┌─ **ク** の解答群 ─────────────────────────┐

⓪ 複数のカードを同時に利用して支払いを行うことができる

① カードリーダにカードをかざすだけで支払いを行うことができる

② 店内のどこにいても支払いを行うことができる

③ スキミングが容易である

└───────────────────────────────────┘

〔2022年度 本試験「情報関係基礎」第1問 問1〕

13 　次の文章を読み，空欄　ア　～　ケ　に入れるのに最も適当なものを，後の解答群のうちから一つずつ選べ。

　アナログ信号をディジタル化するには，次の方法が広く使われている。まず，一定の時間間隔でアナログ信号の波の高さを取り出す。この操作を　ア　といい，1秒間に　ア　する回数を　ア　周波数(以降，fと呼ぶ。)という。次に，　ア　により取り出した値が，あらかじめ設定した段階のどれに最も近いかを判断し，その段階に対応する整数の段階値を割り当てる。この操作を　イ　といい，設定できる段階の数を決めるものを　イ　ビット数(以降，Qと呼ぶ。)という。このようにして割り当てられた値を2進法で符号化する。符号化した値を順に並べることでディジタル化が完了する。

　この方法で，次の図3に示すアナログ信号をディジタル化する。Qを3ビットとすると，段階の数は　ウ　になる。fを10 Hzとし，Qを3ビットとすると，時刻0の時から順に表したディジタルデータの先頭12ビットは　エ　となる。これに対してfを5 Hzとし，Qを3ビットとすると，時刻0の時から順に表したディジタルデータの先頭12ビットは　オ　となる。

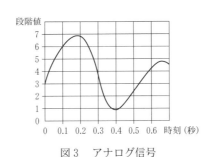

図3　アナログ信号

　1秒あたりのデータ量は，　カ　で求められる。一般的な音楽CDでは，fに44100 Hz，Qに16ビットが用いられ，圧縮せずに記録されている。この設定でディジタル化する場合，左右二つのデータが必要なステレオ音声では，1秒間あたり　キ　バイトのデータ量が必要になる。

　ディジタル化の際に　イ　によって誤差が生じるが，　ク　ことで，この誤差を小さくできる。しかし，　ケ　。

─── ア ・ イ の解答群 ───

⓪ 電子化　　　① 分子化　　　② 数値化　　　③ 標本化

④ 分散化　　　⑤ 量子化　　　⑥ 信号化　　　⑦ 暗号化

─── ウ の解答群 ───

⓪ 3　　　① 2^3　　　② 3^2　　　③ 3^{10}　　　④ 10^3

─── エ ・ オ の解答群 ───

⓪ 111000000111　　① 001101100111　　② 011110111100

③ 011111001100　　④ 001101110001　　⑤ 111000000011

─── カ の解答群 ───

⓪ $Q + f$　　　① $Q - f$　　　② $Q \times f$　　　③ $Q \div f$

─── キ の解答群 ───

⓪ 22050　　① 44100　　② 88200　　③ 176400　　④ 352800

─── ク の解答群 ───

⓪ 録音時間を長くする　　　　　① Q を増やす

② 高価な記憶媒体に記録する　　③ ノイズキャンセラーを使用する

─── ケ の解答群 ───

⓪ データ量が増加する　　　　① 振幅が小さくなる

② 不正コピーが容易になる　　③ f が増える

〔2022年度 本試験「情報関係基礎」第1問 問3〕

14 次の記述 a・b の空欄 $\boxed{ア}$ ～ $\boxed{カキクケ}$ に当てはまる数字をマークせよ。

a　数字（0～9）と，アルファベットの大文字（A～Z），小文字（a～z）の計 62 種類の文字をすべて区別して符号化するためには，1 文字あたり少なくとも $\boxed{ア}$ ビット必要である。

b　24 ビットフルカラーで 800 × 600 ピクセルの画像 1 枚のデータ量は，圧縮をしない場合 $\boxed{イウエオ}$ kB となる。なお，1 kB は 1000 B である。

　また，この条件の画像を用い，30 fps（frames per second）で 1 分間の動画を作った時のデータ量は，同じく圧縮をしない場合 $\boxed{イウエオ}$ kB の $\boxed{カキクケ}$ 倍になる。

〔2021 年度 第 1 日程「情報関係基礎」第 1 問 問 1 a・b〕

15 次の記述の空欄 $\boxed{ア}$・$\boxed{イ}$ に入れるのに最も適当なものを，下の解答群のうちから一つずつ選べ。

ラスタ（ビットマップ）形式の画像では，図 1 のように，拡大するとジャギー（ギザギザ）ができることがある。その理由は，画像を $\boxed{ア}$ 表現するためである。

一方，ベクタ（ベクトル）形式の画像では，ジャギーはできない。その理由は，画像を $\boxed{イ}$ 表現するためである。

図 1　ジャギー

――― $\boxed{ア}$・$\boxed{イ}$ の解答群 ―――
- ⓪　座標や数式を使って
- ①　光の三原色を使って
- ②　アナログ方式で
- ③　ディジタル方式で
- ④　高解像度で
- ⑤　画素（点）の集まりとして

〔2021 年度 第 1 日程「情報関係基礎」第 1 問 問 2 a〕

16 次の文章を読み，空欄 ア ・ イ に入れるのに最も適当なものを，後の解答群のうちから一つずつ選べ。

モノラル音声(音声1チャンネル分)を標本化し，16ビットで量子化する。一つの標本点を量子化するとデータ量は ア バイトであり，サンプリング周波数を48000 Hz として30秒間録音すると，データ量は イ バイトになる。ただし，データ圧縮はしないものとする。

ア の解答群

⓪ 2 ① 2^2 ② 2^4 ③ 2^8 ④ 2^{16} ⑤ 2^{32}

イ の解答群

⓪ 0.625 ① 1.6 ② 48000 ③ 96000
④ 2880000 ⑤ 5760000 ⑥ 11520000000

〔2022年度 追試験「情報関係基礎」第1問 問1 a〕

17　次の記述 a ～ c の空欄　ア　・　エ　・　オ　に入れるのに最も適当なものを，下のそれぞれの解答群のうちから一つずつ選べ。また，空欄　イウ　に当てはまる数字をマークせよ。

a　2進法で 1011 の数を 4 倍すると，2進法で　ア　となる。

b　2進法で 1011 の数に 4 を足すと，10進法で　イウ　となる。

c　再生時間 1 秒あたりのデータ量が 20 M ビットの動画は，ビットレートが 20 Mbps である。20 M ビットは　エ　MB であるので，空き容量 3 GB の USB メモリには，このビットレートの動画が　オ　分まで保存できる。ここで，1 MB = 10^6 B，1 GB = 10^9 B である。

──── 　ア　 の解答群 ────
⓪　1111　　　　①　101100　　　　②　101111　　　　③　10110000

──── 　エ　・　オ　 の解答群 ────
⓪　2　　　　①　2.5　　　　②　20　　　　③　25

〔2021 年度 第 2 日程「情報関係基礎」第 1 問 問 1 b ～ d〕

第2章

18　　　次の記述の空欄　ア　～　エ　，　カ　～　ク　に入れるのに最も適当なものを，下のそれぞれの解答群のうちから一つずつ選べ。また，空欄　オ　に当てはまる数字をマークせよ。ただし，　カ　・　キ　の解答の順序は問わない。

　　Sさんは，情報をディジタル化することで加工が容易になったり，圧縮できたりすることを学んだ。圧縮に興味を持ったSさんは，圧縮に関する用語や種類などについて調べた。

- 圧縮したデータは通常，　ア　して利用する。圧縮前のデータと　ア　後のデータとで違いが生じる圧縮方式を　イ　という。この方式を利用した圧縮は，一般に　ウ　。

- 圧縮によってデータの大きさがどの程度変化したかを表す指標として，圧縮比が次の式で定義されていた。

$$圧縮比 = \frac{圧縮後のデータ量}{圧縮前のデータ量}$$

この定義に従えば，　エ　。

　　さらに，Sさんは白黒画像を文字列で表現し，それを圧縮することを考えた。

　　まず，画像の左上から横方向に画素を読み取り，読み取った画素が黒色であれば「黒」，白色であれば「白」と表記することにした。右端の画素まで到達したら，次の行の左端の画素から再び読み取りを始め，これを最後の画素まで繰り返す。ただし，画像の縦と横の画素数は，事前にわかっているものとする。例えば，3×3の画素からなる図1は，「黒黒黒白黒黒黒黒白」という文字列で表現する。

図1　3×3の白黒画像の例

　次に，Ｓさんは「黒黒黒」のように同じ文字が３つ以上並んでいる場合に，「黒３」のように色を表す文字に並んでいる数を付け加えて表記することで，文字列の文字数を減らすことにした。図１をこの方法で圧縮すると，「黒３白黒４白」となるので３文字短くなり，「黒黒黒黒黒黒白白白黒黒黒白黒黒黒」を圧縮すると　オ　文字短くなる。一方，　カ　や　キ　のような画像は，この方法で文字数を減らすことができない。

　また，解答群にある４つの画像の中では，　ク　が最も圧縮比が小さくなる。

──── ア ・ イ の解答群 ────

⓪　無圧縮　　　① 可逆圧縮　　② 差分圧縮　　③ 非可逆圧縮

④　複　製　　　⑤ 再圧縮　　　⑥ 暗号化　　　⑦ 伸張（展開）

──── ウ の解答群 ────

⓪　圧縮によって画質を向上させたいデータに利用される

①　機密性の高い重要なデータの圧縮に利用される

②　アプリケーションソフトウェアを圧縮するために利用される

③　圧縮前のデータとの違いを人間が識別しにくいものに利用される

──── エ の解答群 ────

⓪　データが違っても同じアルゴリズムで圧縮すれば圧縮比は等しい

①　データが違っても圧縮比が等しければ圧縮後のデータ量は等しい

②　圧縮比が小さいほど圧縮に必要な時間が短い

③　圧縮前に比べ圧縮後のデータ量が少ないほど圧縮比が小さい

──── カ ～ ク の解答群 ────

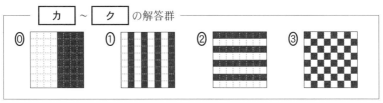

〔2021 年度 第２日程「情報関係基礎」第１問 問３〕

▶ **Section 2** ▶ 情報デザイン

19 次のグラフの用途に関する(1)〜(5)の記述に最も適したグラフを，下の解答群から選びなさい。

(1) データを並べて量を比較したい。 ☐ 1 ☐

(2) 時系列に沿ってどのように変化しているかをみたい。 ☐ 2 ☐

(3) 各項目の値の全体に対する割合をみたい。 ☐ 3 ☐

(4) いくつかの視点でデータのバランスを比較したい。 ☐ 4 ☐

(5) 2つの観点でデータの分布や傾向，相関関係をみたい。 ☐ 5 ☐

☐ 1 ☐ 〜 ☐ 5 ☐ の解答群

① 円グラフ ② ピクトグラム ③ NSチャート

④ レーダーチャート ⑤ 棒グラフ ⑥ 折れ線グラフ ⑦ 散布図

⑧ 特性要因図

〔高崎健康福祉大学 2021年度 一般選抜A日程 1/31 第1問 問1〕

20 データの可視化について述べた下記の文章を読み，次の各問い(問1〜問3)に答えなさい。

(1) 以下の表1は，4種類のグラフについて，そのグラフの用途および，用いる具体的なデータの例をまとめたものである。

表1

グラフの種類	用　途	具体的なデータの例
棒グラフ	☐ ア ☐	☐ オ ☐
折れ線グラフ	☐ イ ☐	☐ カ ☐
帯グラフ	☐ ウ ☐	☐ キ ☐
散布図	☐ エ ☐	☐ ク ☐

問1　空欄 ア ～ エ に入る最も適切な項目を選択肢の中から選び，その番号をマークしなさい。

① 内訳や比率を表す
② 全体的な分布や傾向，相関関係を見る
③ 項目間の数値を比較する
④ 時間経過に伴うデータの変化を読み取る

問2　空欄 オ ～ ク に入る最も適切な項目を選択肢の中から選び，その番号をマークしなさい。

① ある市の8月の日毎の最高気温
② ある商品の店舗ごと販売価格
③ さまざまな自動車の燃費データと重量データ
④ ある政策に対する年代別の支持／不支持のデータ

(2)　以下の2つの図は，ある企業の1年間の月別売上集計と月末の総資産の推移を表したものである。

月別売上集計（単位：千円）

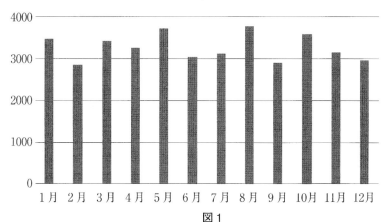

図1

第2章

月末総資産（単位：千円）

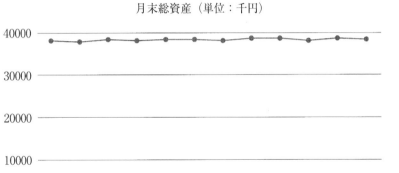

図2

問3　このグラフの元になったデータから，3ヶ月毎に集計したグラフを作ったとする。図3が3ヶ月毎売上集計，図4が3ヶ月毎末総資産のグラフである。この際のグラフのラベル　ケ　および　コ　として適切なものを①～⑥からそれぞれ選びマークせよ。

3ヶ月毎売上集計（単位：千円）

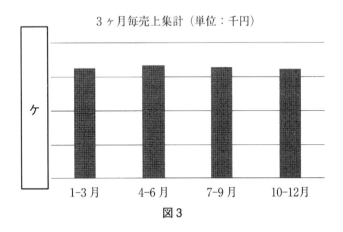

図3

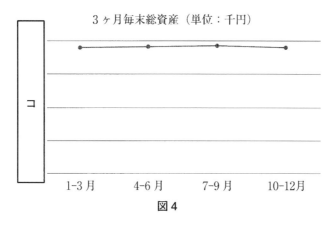

図 4

①	②	③	④	⑤	⑥
2000—	4000—	12000—	20000—	40000—	120000—
1500—	3000—	9000—	15000—	30000—	90000—
1000—	2000—	6000—	10000—	20000—	60000—
500—	1000—	3000—	5000—	10000—	30000—
0—	0—	0—	0—	0—	0—

〔武蔵野大学　2021 年度 全学部統一選抜 1/24　大問 2 〕

▶ Section 3 ▶ メディアの特性，効果的なコミュニケーション

21 次の文章を読み，後の問い(a～c)に答えよ。

　某市某地区にあるダンススクールでは，再来月にダンス発表会を開催することになり，ダンススクールの周辺住民に広く告知したいと考えた。発表会の広報戦略を立てるため，スクールの広報活動で利用できるメディアの特徴を検討して，次の表1にまとめた。さらに，周辺住民に普段から利用しているメディアについてアンケートを取り，その結果から後の図1を作成した。

表1　各メディアの特徴

メディア	対象範囲	更新頻度	告知費用	情報発信形式
地元新聞※	県　内	毎　日	高　額	文章・画像
地区の広報誌※	地区内	毎月第2水曜日	無　料	文章・画像
地区の掲示板※	掲示場所近隣	随　時	無　料	文章・画像
スクールWebサイト	全世界	随　時	低　額	文章・画像・動画
動画SNSアプリ	全世界	随　時	無　料	動　画

※掲載2日前までに依頼する必要がある。

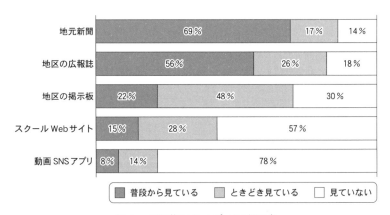

図1　周辺住民のメディア利用率

a　表1と図1から読み取れるスクール Web サイトの特徴として正しいもの
を，次の⓪～③のうちから一つ選べ。　│　ア　│

⓪　「地元新聞よりも対象範囲が狭い」かつ「随時更新できる」

①　「地元新聞より安価で告知できる」かつ「地区の広報誌より周辺住民のメ
ディア利用率が高い」

②　「MPEG 形式のファイルを掲載できる」かつ「地区の掲示板より周辺住民
のメディア利用率が高い」

③　「JPEG 形式のファイルを掲載できる」かつ「動画 SNS アプリより周辺住
民のメディア利用率が高い」

第2章

b　発表会を告知するにあたり，費用をかけずに多くの周辺住民に対して告知
できるメディアを選択したい。表1と図1をふまえ，最も適したメディア
を，次の⓪～④のうちから一つ選べ。　│　イ　│

⓪　地元新聞　　　　　　　　　　　①　地区の広報誌
②　地区の掲示板　　　　　　　　　③　スクール Web サイト
④　動画 SNS アプリ

c　発表会の開催日が近い月末になって，告知していた内容の訂正が必要と
なった。費用がかかっても複数メディアを利用して一週間以内には周辺住民
に訂正情報を伝えたい。どのメディアを利用すべきか，次の⓪～④のうちか
ら一つ選べ。　│　ウ　│

⓪　地区の広報誌，地区の掲示板，スクール Web サイト，動画 SNS アプリ

①　地元新聞，地区の広報誌，地区の掲示板，スクール Web サイト

②　地元新聞，地区の広報誌，地区の掲示板，動画 SNS アプリ

③　地元新聞，地区の広報誌，スクール Web サイト，動画 SNS アプリ

④　地元新聞，地区の掲示板，スクール Web サイト，動画 SNS アプリ

〔2022 年度 追試験「情報関係基礎」第1問 問2〕

22 メディアの特徴について，間違っているものを選択して下さい。

(A) テレビ会議は，動画などのさまざまな形式で表現された多対多のメディアである。

(B) 紙の新聞は，主に文字で表現された双方向性のメディアである。

(C) メディアという言葉は，表現，伝達，記録という3つの意味で使われることもある。

(D) 情報は複製が容易であるため，メディアを仲介して伝達が可能である。

〔中央学院大学　2021年度　一般1期B日程2/4　問題Ⅱ (16)〕

第2章 コミュニケーションと情報デザイン　解答解説

▶ **Section 1** ▶　情報のデジタル化

10　ア　正解は⑤　　イ　ウ　正解は③⓪

2進法1桁（1ビット）で2通り，2桁（2ビット）で$2^2 = 4$通りの表現が可能である。26種類＝26通りを表現するには，4ビットでは$2^4 = 16$通りまでしか表現できないので，アは5ビット（$2^5 = 32$通り）必要となる。

問題文に，トンとツーのいずれか1つなら2通り，2つならトンとツーの組合せで4通りとある。続けて3つなら8通り，4つなら16通りの組合せとなるので，4つまでの組合せで表現できる文字は，これらを足して$2 + 4 + 8 + 16 = 30$通りとなる。

11　ア　正解は⑤　　イ　正解は②　　ウ　正解は④

a　通信速度100kbps＝100〔kビット／秒〕で50Mバイトの動画をアップロードする場合の時間を求める。1バイト＝8ビットであるので，50Mバイト＝50000kバイト＝400000kビットとなり，求める時間は

　　400000〔kビット〕$\div 100$〔kビット／秒〕$= 4000$〔秒〕＝⑤66分40秒

b　解像度を高くするほど画質がよくなるがデータ量は増え，逆に解像度を低くするほど画質が粗くなるがデータ量は減少するので②が正解。⓪の色の数，①の明るさ，③の動画再生の速さは，解像度とは直接関係がないので誤り。

c　データ量の比率を計算すると

　　$(1280 \times 720) \div (640 \times 360) = 4$

となるので4倍となる。

12　アイ　正解は④⑧　　ウ　正解は①　　エ　正解は⓪
　　　オ　正解は②　　カ　正解は⓪　　キ　正解は①
　　　ク　正解は①

a　256階調グレースケールとあり，$256 = 2^8$なので，1ピクセルの情報量は8ビット。ゆえに，1800×1200ピクセル・256階調グレースケール画像のデータサイズを求めると，$1800 \times 1200 \times 8$ビットとなる。これが$600 \times 600$ピクセルのRGBカラー画像と同じデータサイズなので

　　$(1800 \times 1200 \times 8) \div (600 \times 600) = 48$

したがって1ピクセルあたり48ビットが正解。

b 問題文に「動画を配信する方式の一つであり，データを受信しながら同時に再生する」とあるので，①ストリーミングが正しい。

c エのピクトグラムは⓪絵で情報を伝えるものである。オは問題文に「日本の産業製品生産に関する規格」とあるので，②JIS（日本産業規格）が入る。力は，ピクトグラムに関して JIS で制定することの利点なので，⓪同じ意味を表す異なるピクトグラムの乱立を防ぐことができることが正しい。

d キは2次元コードの「一部が汚れて欠けていても」正しく読み取れる理由なので，①コードに誤りを訂正するための情報が付加されていることが正しい。クは非接触型 IC カードの利点なので，①カードリーダにカードをかざすだけで支払いを行うことができることが正しい。

アナログ信号をディジタル化する手順としては，アナログ信号の波の高さを一定の時間間隔で取り出すアの③標本化（サンプリング），標本化で得られた波の高さをあらかじめ定めた段階の近い整数値に変換するイの⑤量子化，量子化によって得られた値を2進法を用いて表現する符号化，という3段階のプロセスがある。

ウは，量子化ビット数の Q を3ビットとすると①$2^3$＝8段階の数値を取り出すことができる。

エは，f＝10 Hz，Q＝3ビットとあるので，図3の時刻0の時から0.1秒ごとに段階値を取り出して3ビットの2進法の数値に変換し，並べていけばよい。図3から，時刻0の時は10進法の3なので2進法では011，0.1秒後は10進法の6なので2進法では110，以下同様に，0.2秒後は111，0.3秒後は100なので，これらを順に並べた②011110111100が正解となる。オはf＝5 Hz，Q＝3ビットとあるので，0.2秒ごとに，先ほどと同様に並べていけばよい。時刻0の時は2進法で011，0.2秒後は2進法で111，0.4秒後は001，0.6秒後は100なので，これらを並べた③011111001100が正しい。

力の1秒あたりのデータ量はf（標本化周波数）に Q（量子化ビット数）を乗じることで計算できるので②$Q×f$が正しい。キの計算は，1ビット＝$\dfrac{1}{8}$バイトより，以下のようになる。

$$44100×16×\frac{1}{8}×2＝③\ 176400\ バイト$$

ク，ケは，①Q を増やすことで波の強さを取り出す段階が細かくなり元のアナログデータに近くなるが，その反面⓪データ量が増加するというデメリットが生じる。

14 **ア** 正解は⑥　**イウエオ** 正解は①④④⓪

カキクケ 正解は①⑧⓪⓪

a　1ビット（2進法1桁）で識別できるのは2通りで，問題のように62文字を識別するためには，少なくとも6ビット（2進法6桁）で $2^6 = 64$ 通りを識別することが必要。

b　24ビットフルカラーで 800×600 ピクセルの画像1枚のデータ量を計算すると，以下のようになる。8ビット＝1B（バイト）すなわち 1ビット＝$\frac{1}{8}$B なので

$$800 \times 600 \times 24 \times \frac{1}{8} = 1440000\,B = 1440\,kB$$

30fps（1秒あたりフレーム数）で1分間の動画のデータ量は，30〔フレーム/秒〕×60〔秒〕＝1800 を画像のサイズにかければよい。

15 **ア** 正解は⑤　**イ** 正解は⓪

ラスタ形式では図や文字を⑤画素（点）の集まりとして表現するのに対し，ベクタ形式では⓪座標や数式を使って表現する。

16 **ア** 正解は⓪　**イ** 正解は④

モノラル音声（音声1チャンネル分）の一つの標本点を16ビットで量子化した場合のデータ量は，16ビット＝2バイトであるので，**ア**は⓪2が正解。

これをサンプリング周波数 48000Hz で 30 秒間録音した場合のデータ量は

　　$2 \times 48000 \times 30 = 2880000$ バイト

であるので，**イ**は④2880000 が正解。

17 **ア** 正解は①　**イウ** 正解は①⑤　**エ** 正解は①

オ 正解は②

a　2進法での 1011 は，10進法で表すと $1 \times 2^3 + 0 \times 2^2 + 1 \times 2^1 + 1 \times 2^0 = 11$ である。これを4倍すると 44 となるので，2進法で表した①101100 が正解。

b　2進法での 1011 は 10 進法で 11 なので，11＋4＝15 となる。

c　20Mビットは，1B＝8ビットより 20÷8＝2.5MB なので，**エ**には①2.5 が入る。

1秒あたりのデータ量が 20Mビット＝2.5MB で，問題文より 3GB＝3000MB なので，計算すると

　　$3000\,MB \div 2.5\,MBps = 1200$ 秒＝20分

よって**オ**は②20 分が正解。

18

ア	正解は⑦	イ	正解は③	ウ	正解は③
エ	正解は③	オ	正解は⑦
カ ・ キ	正解は①・③（順不同）	ク	正解は②

　圧縮したデータを元に戻すことを⑦伸張（展開）という。データの圧縮方式には，圧縮後に元のデータに完全に戻せる可逆圧縮と，戻せない③非可逆圧縮がある。

　非可逆圧縮は一般に可逆圧縮に比べて圧縮率が高く，写真や音楽など元のデータの違いを人間が識別しにくいなど，影響が少ないものに用いられるので，ウには③が入る。⓪は「画質を向上させ」るために圧縮を行うことはないので誤り，①と②は機密性の高いデータやソフトウェアは元のデータと完全に一致させる必要があるので，非可逆圧縮より可逆圧縮が適しているため誤りである。

　圧縮比は圧縮後のデータ量を圧縮前のデータ量で割って求めるので，分子の圧縮後のデータ量が小さいほど圧縮比も小さくなるため，エは③が正しい。⓪は同じアルゴリズムでも元のデータにより圧縮率は異なることもあるので誤り，①は元のデータが異なれば圧縮比が同じでも圧縮後のデータ量は異なるので誤り，②は圧縮比と圧縮に必要な時間はこの式からはわからないので誤り。

　問題文の「黒黒黒黒黒白白白黒黒白黒黒黒」（16文字）を説明通りの方式で圧縮すると「黒6白3黒3白黒3」（9文字）となり，7文字短くなる。この圧縮方式では，横に同じ色が連続する場合のデータ量を減らすことはできるが，横に同じ色が連続しない場合は効果がないことがわかる。ゆえに文字数を減らすことができないのは，横に同じ色が全く連続しない①と③，逆に最も圧縮比が小さくなるのは，横に同じ色が連続する②である。

▶ Section 2 ▶ 情報デザイン

19　1 正解は⑤　2 正解は⑥　3 正解は①
4 正解は④　5 正解は⑦

　(1)は「データを並べて量を比較」とあるので⑤棒グラフ，(2)は「時系列に沿って…変化」とあるので⑥折れ線グラフ，(3)は「各項目の値の全体に対する割合」とあるので①円グラフ，(4)は「データのバランスを比較」とあるので④レーダーチャート，(5)は「データの分布や傾向，相関関係」とあるので⑦散布図が正解である。

20　問1　ア 正解は③　イ 正解は④　ウ 正解は①
エ 正解は②

　①の内訳や比率を表すのは割合を表す帯グラフなのでウ，②の全体的な傾向・相関関係を見るのは散布図なのでエ，③項目間の数値を比較するのは棒グラフなのでア，④のデータの変化を見るのは折れ線グラフなのでイに入る。

　問2　オ 正解は②　カ 正解は①　キ 正解は④
ク 正解は③

　①の日ごとの最高気温は変化を見る折れ線グラフの具体例として適切なのでカ，②の商品の店舗ごとの販売価格は数値を並べて比較する棒グラフのオ，③の燃費データと重量データは2つのデータの相関関係も見える散布図のク，④の支持／不支持のデータは比率で見える帯グラフのキに入る。

　問3　ケ 正解は③　コ 正解は⑤

　図3のグラフは，図1の月別売上集計の棒グラフを3ヶ月ごとにまとめたものである。1～3月の売り上げを合計すると約9600，4～6月の合計は約10000であるから，ケのラベルは0から3000ごとに区切った③であることがわかる。

　図4の3ヶ月毎末総資産は，図2の月末総資産の3ヶ月分を合計したものではなく，3月，6月，9月，12月時点での総資産を表したものである。ゆえにコのラベルは図2の月末総資産と同じ⑤が正解となる。

▶ **Section 3** ▶ 　メディアの特性，効果的なコミュニケーション

21　　ア　正解は③　　イ　正解は①　　ウ　正解は④

a　表 1 より，スクール Web サイトは地元新聞より対象範囲が広いので⓪は誤り。
　図 1 より，スクール Web サイトのメディア利用率は地区の広報誌・掲示板よりも
　低いので①，②は誤り。したがって③が正解。

b　問題文の条件に「費用をかけず」「多くの周辺住民に」とあるので，表 1 で告知
　費用が無料のメディア（地区の広報誌，地区の掲示板，動画 SNS アプリ）のうち，
　図 1 で最もメディア利用率が高いものを選べばよい。よって①地区の広報誌が正解。

c　「費用がかかっても」「一週間以内」が条件となる。地区の広報誌は更新頻度が毎
　月第 2 水曜日のため，月末からは間に合わないので，これが含まれる⓪，①，②，③
　は誤りとなる。ゆえに④が正解。

22　正解は(B)

　新聞は文字で表現された一方向性のメディアなので，(B)の「双方向性」が誤り。

第3章

コンピュータと
プログラミング

第3章　コンピュータとプログラミング　　まとめ

コンピュータの仕組み

◆ コンピュータの構成

ハードウェア（装置）：CPU（中央処理装置），記憶装置，入力装置，出力装置
　　　＋
ソフトウェア：コンピュータを動かすための命令や手順を書いたプログラムなど

コンピュータ内部の処理の流れ

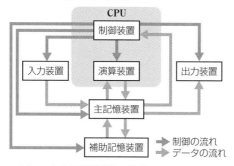

コンピュータと周辺機器との接続

　　インターフェース：コンピュータと周辺機器を接続する規格
　　　　　　　　　　　（例）USBメモリ，Wi-Fi，Bluetooth など

◆ ソフトウェア

基本ソフトウェア：OS（オペレーティングシステム）など
応用（アプリケーション）ソフトウェア：文書作成，表計算，プレゼンテーションなど

オペレーティングシステム（OS）の役割

- ソフトウェアとハードウェアの仲介：ハードウェアの違いを吸収する
- デバイスドライバ：コンピュータに接続する機器を制御する
- タスク管理：複数のアプリケーション作業を同時に行えるようにする
- メモリ管理・ファイル管理：メモリの割り当てやデータの管理を行う

◆ CPU の仕組み

CPU の動作（命令サイクル）

プログラム・データの入力　➡　レジスタに読み込み
　　　　　　　　　　　　　　　　　　↓ 解読
　　　　　　主記憶装置に出力　◀　実行

CPU の性能

- **ビット数**：CPU が一度に扱える情報量。32 ビット，64 ビットなど
- **クロック周波数**：CPU が動作するタイミングをとる信号の数。1 秒あたりの発信回数で，単位は Hz
- **マルチコアプロセッサ**：処理を行う核の部分（コア）を複数搭載し，処理速度を高めた CPU

◆ CPU による演算の仕組み

論理回路：コンピュータの中で演算を行う回路。組み合わせて複雑な演算を行う
真理値表：すべての入力の組み合わせとそれに対応する出力を表にしたもの

- **AND 回路（論理積回路）**：入力がすべて 1 のときだけ出力が 1 となる回路

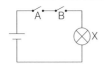
記号

真理値表

入力		出力
A	B	X
0	0	0
0	1	0
1	0	0
1	1	1

- **OR 回路（論理和回路）**：入力がどちらか 1 なら出力が 1 となる回路

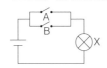
記号

真理値表

入力		出力
A	B	X
0	0	0
0	1	1
1	0	1
1	1	1

- **NOT 回路（否定回路）**：入力と反対の結果を出力する回路

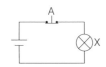
記号

真理値表

入力	出力
A	X
0	1
1	0

2進法による計算
- **負の数の表現**：一般的に，2の補数を用いる
  - **2の補数**：2進法で桁上がりを行う最小の数。0と1を反転させて1を加えることで求められる
    > **計算** 1101の補数は　→　0と1を反転させて0010　→　1を加えて0011
- **小数の表現**：一般的に，2進法の浮動小数点数を用いる
  - **浮動小数点数**：小数点の位置を固定せずに表した数。符号部，仮数部，指数部の3つの要素を，固定長のビット列にして数値で扱う
- **計算の誤差**
  - **桁落ち・桁あふれ**：指定された桁数で計算結果を表しきれないことで起こる誤差
  - **丸め誤差**：無限に続く循環小数などを有限の桁数で表示したときに生じる誤差
  - **打ち切り誤差**：無限に続く計算を途中で打ち切る場合に生じる誤差

■ アルゴリズムとプログラミング

◆ アルゴリズム

アルゴリズム：ある問題を解決するための手順

アルゴリズムの基本構造

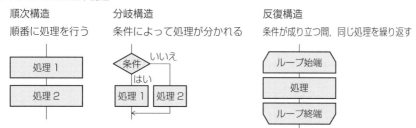

順次構造	分岐構造	反復構造
順番に処理を行う	条件によって処理が分かれる	条件が成り立つ間，同じ処理を繰り返す

探索アルゴリズム：多くのデータから目的のデータを見つけるアルゴリズム
- **線形探索法**：データの端から順番に目的のデータかどうかを確認し，目的のデータが見つかったらループは終了。短所は，データが多く目的のデータが最後の方にある場合，時間がかかること
- **二分探索法**：データの中央のデータが目的のデータかどうかを確認し，一致しなければ中央のデータで区切り，値により中央データから右または左半分のさらに中央のデータを探索する方法を繰り返す探索方法。短所は，データをあらかじめ昇順などに整列させておく必要があること

フローチャート：アルゴリズムの表現方法の一つ

フローチャートで用いる記号

記号	名称	内　容	記号	名称	内　容
⬭	端子	開始または終了	⬠	表示	画面上などの表示
▱	データ	入出力されたデータ	◇	判断	条件による分岐
▭	処理	演算などの処理機能	⬡	ループ端	ループの始まり
⬡	準備	その後の動作に影響する準備	⬡	ループ端	ループの終わり
			—	線	データや制御の流れ

◆ プログラミング

主なプログラミング言語

- **コンパイラ方式**：全部を機械語に翻訳して実行する　（例）C，Javaなど
- **インタプリタ方式**：1行ずつ直接実行する　（例）JavaScript，BASIC，Pythonなど

プログラムの構成要素

- **変数**：文字列や数値などの値を格納する箱のようなもの
- **データ型**：数値や文字列など扱うデータを定義すること
- **演算**：演算子を使い算術演算，比較演算，論理演算などを行う
- **関数**：処理のまとまりのこと
- **引数**（入力値）：関数とやり取りをするための変数
- **戻り値**（出力値）：処理を行った結果として関数が返す値
- **ライブラリ**：特定の機能を実現したプログラムの集まり
- **API**：他のプログラムから利用するための決まり・仕組みのこと

配列：複数個のデータを順番にまとめた構造

　　　　　配列ではデータに通し番号（**添字**）をつけて，その番号を指定することでデータを呼び出す。次図の配列で添字 [1] のデータであれば，hairetsu[1] と表す

プログラムの開発手順

　　仕様決定 ➡ 設計（アルゴリズムの検討）➡ プログラミング（コーディング）

　　➡ デバック・テスト（試験）・修正 ➡ 完成

■ モデル化とシミュレーション

◆ モデル化

モデル化：複雑な実物・対象を，単純化したモデルで表現すること

表現の仕方による分類

- **物理モデル**

　物理的な模型などで表現されたモデル　（例）地球儀

- **論理モデル**

　- **図的モデル**：視覚的な図で表現したモデル　（例）ベン図，部屋の配置図

　- **数式モデル**：数式や論理式で表現したモデル　（例）x（距離）＝v（速さ）× t（時間）

時間的な変化の有無による分類

- **動的モデル**：時間の経過で変化するモデル

- **静的モデル**：時間が経過しても変化しないモデル

◆ シミュレーション

シミュレーション：現象の予測をするために，モデルを使って試してみること

シミュレーションの方法

- **物理シミュレーション**：模型などを使って実験すること

- **コンピュータシミュレーション**：コンピュータで模擬的に実験すること

　- **離散型シミュレーション**：待ち行列型モデルなど，不確定な事象を乱数を使って計算
　　　　　　　　　　　　　　するシミュレーション

　- **エージェントシミュレーション**：一定のルールに基づいて自律的に行動するものの振
　　　　　　　　　　　　　　　　　　る舞いの集まりとしてシミュレートする

シミュレーションが適する場面

- 現物を使う実験では費用がかかるもの

- 危険をともなう実験

- 微小や極大を対象とした実験

- モラル上，実物を使った実験が難しいもの

第3章　コンピュータとプログラミング　演習問題

▶ Section 1 ▶　コンピュータの仕組み

23 次の機器に関する該当する分類を，下の解答群から選びなさい。

ア	プリンタ	イ	キーボード	ウ	ハードディスク
エ	イメージスキャナ	オ	マイク	カ	プロジェクタ
キ	ディスプレイ	ク	ルータ

ア ～ ク の解答群（複数解答可）
　① 入力装置　　② 出力装置　　③ 記憶装置　　④ 通信機器

〔高崎健康福祉大学　2022年度　一般選抜A日程 1/31　第1問 問6〕

24 次の論理演算に関する(1)～(7)の記述中の空欄 ア ～ サ に該当する適切な字句を，下の解答群から選びなさい。

　論理演算とは，真と偽や1と0のように2つの値のいずれか一方の値を持つデータ間で行う演算である。

　基本的な論理演算には，論理積（AND），論理和（OR）がある。2つの条件があったとき，論理積は2つの条件が両方とも満たされるときに真となり，論理和は2つの条件のいずれか一方または両方が満たされるときに真となる演算である。

　また，論理演算を視覚的にわかりやすく表現する手法としてベン図がある。2つの条件をAとBとした場合の論理積（A AND B），論理和（A OR B）をベン図で表したものが次の図である。

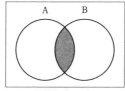
論理積（AND）

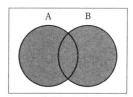
論理和（OR）

図　ベン図

　40人の学生がいるクラスで，自宅で所有しているパソコンの型についてアンケートを行ったところ，ノート型を持っている人が25人，デスクトップ型を持っている人が20人，どちらも持っていない人が8人であった。

　このとき，条件Aを「ノート型を持っている人」，条件Bを「デスクトップ型を持っている人」としてベン図を利用することにより，以下のようにそれぞれの人数を求めることができる。

(1)　クラス全体を表すベン図は ア である。

(2)　ノート型を持っている人を表すベン図は イ である。

(3)　どちらも持っていない人を表すベン図は ウ である。

(4)　少なくとも一方を持っている人を表すベン図は エ であり，その人数は(1)の人数から(3)の人数を引いた オ 人である。

(5)　両方を持っている人を表すベン図は カ であり，その人数はノート型を持っている人数とデスクトップ型を持っている人数の合計人数から(4)の人数を引いた キ 人である。

(6)　ノート型のみを持っている人を表すベン図は ク であり，その人数は(2)の人数から(5)の人数を引いた ケ 人である。

(7)　いずれか一方のみを持っている人を表すベン図は コ であり，その人数は サ 人である。

ア ～ エ , カ , ク , コ の解答群

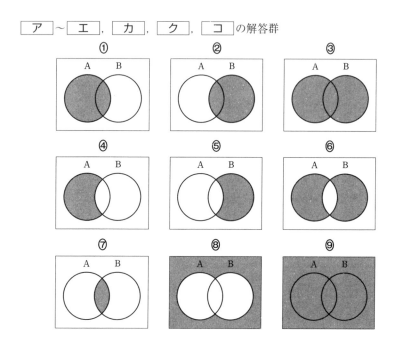

オ , キ , ケ , サ の解答群

① 8　② 10　③ 12　④ 13　⑤ 17　⑥ 19　⑦ 29

⑧ 32　⑨ 37　⓪ 40

〔高崎健康福祉大学　2022 年度　一般選抜Ａ日程 1/31　第 4 問〕

25 オペレーティングシステム（OS）を，マウスなどのポインティングデバイスを使って，ウィンドウやアイコンにより操作するインタフェースを何というか。最も適切なものを選択して下さい。

(A)　API

(B)　CUI

(C)　DVI

(D)　GUI

(E)　その他

〔中央学院大学　2022 年度　一般 1 期Ｂ日程 2/1　Ⅰ　問 5〕

26 次の説明文の空欄 ア ～ コ に入る適切な言葉を解答群から選び，それぞれの選択肢の番号を解答欄にマークしなさい。

(1)　現在使われている情報機器は，プログラムやデータなどの ア が，機器そのものである イ に命令して動く電子機器である。

(2)　コンピュータは，キーボードやマウスなどの入力装置から，文字や数値，記号，音声などのデータやプログラムを入力する。そしてそれらを DRAM などの ウ や，HDD（ハードディスクドライブ），SSD などの エ に保存し，演算装置によって計算が行われる。その処理結果をディスプレイやプリンタなどの出力装置に出力する。

(3)　また，これらの装置を制御しているのが制御装置である。このような各装置を イ といい，このうち演算装置，制御装置を合わせて オ という。

(4)　ソフトウェアには，オペレーティングシステム（OS）のような カ のほかに，文書処理ソフトウェア（ワープロソフト），表計算ソフトウェア（ キ ），プレゼンテーションソフトウェア，Web ページ閲覧ソフトウェア（ ク ），画像処理ソフトウェアなどの ケ がある。

⑸　OS は周辺機器を動作させる 　コ　 というプログラムを追加することで，さまざまな周辺機器に対応することができる。このため，アプリケーションソフトウェアを使う場合には，周辺機器の違いをほとんど意識することなく作業をすることができる。

選択肢

 ⓪　中央処理装置（CPU） ①　基本ソフトウェア
 ②　応用ソフトウェア（アプリケーションソフトウェア） ③　ブラウザ
 ④　補助記憶装置 ⑤　主記憶装置 ⑥　ソフトウェア
 ⑦　ハードウェア ⑧　ドライバ ⑨　スプレッドシート

〔武蔵野大学　2022 年度 全学部統一選抜 1/30　大問 1〕

27　論理回路についての下記の文章を読み，　ア　〜　セ　について，適切な「0」か「1」の数値をマークしなさい。

コンピュータでは，「0」と「1」で表現される2つの信号で演算や制御を行うが，これらを行う回路を論理回路と呼ぶ。論理回路には，AND 回路，OR 回路，NOT 回路という基本論理回路がある。

AND 回路は入力が全て1のときのみ出力が1となる回路である。

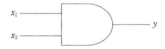

AND 回路の入出力の関係

x_1	x_2	y
0	0	ア
0	1	イ
1	0	ウ
1	1	エ

OR 回路は入力のどれかが1つでも1ならば出力が1になる回路である。

OR 回路の入出力の関係

x_1	x_2	y
0	0	オ
0	1	カ
1	0	キ
1	1	ク

NOT 回路は入力と反対の結果を出力する回路である。

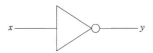

NOT 回路の入出力の関係

x	y
0	ケ
1	コ

これらの回路の組み合わせにより，複雑な演算を実現することができる。下記が例である。

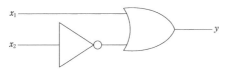

上記例の回路の入出力の関係

x_1	x_2	y
0	0	サ
0	1	シ
1	0	ス
1	1	セ

〔武蔵野大学　2022 年度 全学部統一選抜 1/30　大問 4　問 1〕

▶ Section 2 ▶　アルゴリズムとプログラミング

28 次の文を読み，後の問い(**問1～3**)に答えよ。

　　小池ケイコさんは，なぜか回文が大好きで毎日回文のことばかりを考えている。

問1　次の文章を読み，空欄 ア ， ウ ・ エ に入れるのに最も適当なものを，後の解答群のうちから一つずつ選べ。また，空欄 イ に当てはまる数字をマークせよ。

　　文字の並びを逆順にしても元と同じになる文字列を**回文**という。例えば，「えとをとえ」や「ようかんかうよ」は回文であるが， ア は回文ではない。ここでは文字の並びのみに注目し，読み方や意味は考えない。

　　小池さんは常々世の中には回文ではない文字列も存在することを残念に思っていた。しかし，幸いなことに長さ1の文字列は回文なので，どんな文字列も回文を連結して作れることに気付いた。その際，連結する回文の数が少ない方がより幸せに感じられたため，ある文字列を作るために連結する最も少ない回文の数でその文字列の長さを割った値を，その文字列の**幸いさ**と呼ぶことにした。例えば，長さ6の文字列「こしたんたん」は

- 「こ・し・た・ん・た・ん」の6つの回文の連結，または

- 「こ・し・たんた・ん」もしくは「こ・し・た・んたん」の4つの回文の連結で作れ，4つが最も少ないため幸いさは $\frac{6}{4} = 1.5$ である。同様に，長さ8の文字列「とらのこのこのこ」の幸いさは イ である。長さ n の文字列の幸いさは，それ自身回文であるときに最も大きく ウ となり，文字列中に長さ1の回文しか現れないときに最も小さく エ となる。

　　 ア の解答群

⓪　うといすいとう　　　　①　えのとらとらえ

②　またまたさいかいさたまたま　　③　しましまましまし

問2 次の文章を読み，空欄 **オ** ・ **カ** ， **ク** ～ **シ** に当てはまる数字をマークせよ。また，空欄 **キ** に入れるのに最も適当なものを，後の解答群のうちから一つ選べ。

　　小池さんは，皆にも文字列の幸いさに親しんでもらいたいと思っている。文字列の幸いさを機械的に計算するために，まずは文字列に現れるすべての回文を求める方法を考えた。以下では「しばししばまた」を例に考える。

　　「しばししばまた」の中には1文字のもの以外には「しばし」や「しし」という回文があるが，回文を見落とすことがないように，次の図1を用いて文字列のx文字目からy文字目までが回文かどうかをすべてのx, yの組（ただし$1 \leq x \leq y \leq 7$）について調べる。例えば$(x, y) = (1, 2)$は文字列「しば」に対応し，これは回文ではない。回文「しし」は$(x, y) = (3, 4)$に対応する。また，回文「ばししば」は$(x, y) = ($ **オ** $,$ **カ** $)$に対応する。回文に対応するマスに○，そうでないマスに×を記入することですべての回文が求められる。

$\frac{x}{y}$	1	2	3	4	5	6	7
1	○						
2	×	○					
3	○	×	○				
4	×	×	○	○			
5	×	○	×	×	○		
6	×	×	×	×	×	○	
7	×	×	×	×	×	×	○

図1　「しばししばまた」に現れる回文を調べた図

　小池さんは図1を作る際に，長い文字列に対応するマスでも○×を決めるために調べる文字が少なくて済む，次の方法を考えた。

　まず，長さ1の文字列は回文であるため，これに対応する図1の対角線上のマス(i, i)（ただし$1 \leqq i \leqq 7$）はすべて○となる。また，長さ2の文字列は，マス$(i, i+1)$（ただし$1 \leqq i \leqq 6$）に対応するが，これはそれぞれの2文字を調べることで回文かどうかを判断し，マスの○×を決める。

　残りのマスの○×を決めるためには，図1において×の左下のマスは必ず×であるという性質を利用する。これは，

　　　　x文字目からy文字目までが回文でないとき，その両隣の$x-1$文
　　　　字目と$y+1$文字目がどのような文字であっても，$x-1$文字目か
　　　　ら$y+1$文字目までは回文にはならない

からである。一方で，

　　　　x文字目からy文字目までが回文のとき，その両隣の$x-1$文字目
　　　　と$y+1$文字目が　キ　ならば，$x-1$文字目から$y+1$文字目
　　　　までは回文となり，そうでないならば回文にはならない

こともわかる。

　このことを使い，長さ1と2の文字列に対応するそれぞれのマスから始めて順に左下のマスの○×を決めていく。例えば，$(x, y) = (4, 4)$から始めると，このマスは○なので次は(　ク　，　ケ　)のマスの○×を考える。　ク　文字目と　ケ　文字目を調べ，×と決められる。すると，$(2,$　コ　$)$のマス，$(1,$　サ　$)$のマスは，それ以上文字を調べずに×と決められる。

　この方法で図1を作成するとき，文字を調べずに×と決めるマスは全部で　シ　個である。

```
──── キ　の解答群 ────────────────
⓪ 同じ文字　　　　　① $x$文字目から$y$文字目に現れる
② 異なる文字　　　　③ $x$文字目から$y$文字目に現れない
```

問 3　次の文章を読み，空欄　ス　～　タ　，　テ　に入れるのに最も適当なものを，後の解答群のうちから一つずつ選べ。ただし，同じものを繰り返し選んでもよい。なお，空欄　ス　・　セ　の解答の順序は問わない。また，空欄　チ　・　ツ　，　ト　～　ニ　に当てはまる数字をマークせよ。

　　与えられた文字列を作るために連結する最も少ない回文の数（以降，**最少回文数**と呼ぶ。）がわかれば，その幸いさは簡単に計算できる。以下では文字列「ガタイイイタイガーガイタ」を例に，最少回文数を求める方法を考える。

　　小池さんは，次の図2を作成した。この図では，文字列全体の前と後および各文字の間に，図中に示す番号を振った丸印を対応させる。また，文字列中に現れるすべての回文それぞれに対して，開始直前の丸印から出て，終了直後の丸印へ入る矢印を引く。ただし，図2には設問の都合により⑫に入る矢印は**描かれていない**。

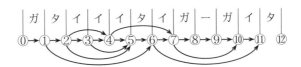

図2　「ガタイイイタイガーガイタ」に現れる回文にもとづき作成した図
　　　（ただし，設問の都合により⑫に入る矢印は描かれていない）

　　例えば，矢印「⓪→①」は回文「ガ」に，矢印「②→⑤」は回文「イイイ」に対応する。⑫に入る矢印は「　ス　→⑫」と「　セ　→⑫」となる。

　　このように表すと，例えば，「⓪→①→⑥→⑦」という3本の矢印でのたどり方は「ガ・タイイイタ・イ」の3つの回文の列に対応し，連結すると先頭から7文字目までの「ガタイイイタイ」になる。一方，連結すると同じ文字列になる「ガ・タ・イイ・イタイ」の4つの回文の列は「⓪→①→　ソ　→　タ　→⑦」という4本の矢印でのたどり方に対応する。つまり，⓪から⑦へのたどり方と，連結すると先頭から7文字目までの文字列を作る回文の列とが一対一に対応する。このことは⓪からどの丸印へのたどり方についても同様であるた

め，「ガタイイイタイガーガイタ」の最少回文数は⓪から⑫へたどるのに必要な矢印の最少本数(以降，**最短距離**と呼ぶ。)と一致する。

すべてのたどり方を考えるのは大変なので，小池さんは⓪から各丸印への最短距離を，その丸印に入る矢印に注目することで求める方法を考えた。

①に入る矢印は「⓪→①」しかない。同様に，②，③それぞれに入る矢印は「①→②」，「②→③」しかない。よって，⓪から①，②，③へのたどり方は1通りしかなく，⓪からの最短距離はそれぞれ1，| チ |，| ツ |である。

⓪から④へのたどり方は最後の矢印が「②→④」の場合と「③→④」の場合に分けられる。前者の場合は⓪から②へたどってから矢印「②→④」をたどるので，(「⓪から②への最短距離」＋1)本の矢印でたどるのが最短であり，後者の場合は(「⓪から③への最短距離」＋1)本の矢印でたどるのが最短である。よって，⓪から④への最短距離は| チ |＋1と| ツ |＋1の小さい方となる。同様に考えると，⓪から⑤へのたどり方は，最後に矢印「| テ |→⑤」をたどるのが最短であり，最短距離は| ト |となる。

以上の手順で番号の小さい順に⓪から各丸印への最短距離を求めることができ，文字列「ガタイイイタイガーガイタ」全体の最少回文数は⓪から⑫への最短距離，つまり| ナ |となる。なお，⓪から各丸印への最短距離を与える矢印のたどり方を考えると，連結して「ガタイイイタイガーガイタ」を作る| ナ |つの回文の列は| ニ |通りであることもわかる。

| ス |～| タ |，| テ |の解答群 ────

⓪ ⓪ 　　① ① 　　② ② 　　③ ③ 　　④ ④

⑤ ⑤ 　　⑥ ⑥ 　　⑦ ⑦ 　　⑧ ⑧ 　　⑨ ⑨

ⓐ ⑩ 　　ⓑ ⑪ 　　ⓒ ⑫

〔2022年度 本試験「情報関係基礎」第2問〕

29 次の文章を読み，下の問い（問1・問2）に答えよ。

　子供向けに，色鉛筆で塗り絵をしてもらうイベントを行った。翌日，絵を子供ごとに並べて展示したいと考えたが，絵には塗った子供の名前が書かれていなかった。イベントでは9色の色鉛筆を用意し，それぞれの子供に4本ずつ渡した。どの子供に渡した色鉛筆も4本すべて色が異なり，それぞれの子供が持つ4色は全員異なる組合せだった。そこで，使われた色を手がかりに子供ごとに絵を分類することにした。イベントに参加した子供は60人で，絵は全部で200枚あった。また，それぞれの子供は少なくとも3枚の塗り絵をした。子供はそれぞれ渡された色鉛筆だけを使ったと仮定し，「同じ4色が使われた絵は同じ子供が塗った」と考えて分類の作業をすることにした。

問1　次の文章を読み，空欄　アイ　に当てはまる数字をマークせよ。また，空欄　ウ　～　オ　に入れるのに最も適当なものを，次ページのそれぞれの解答群のうちから一つずつ選べ。

　色の組合せが同じである絵を探すために，試しに1枚の絵を手に取り，使われている色を他の絵と比較していくと，30枚と比較した時点で10分間が経過していた。1回の比較に平均　アイ　秒かかったことになる。この作業を「200枚から1人の子供の絵をすべて探す。残りの絵から次の1人の子供の絵をすべて探す。……」のように続けるとすべての絵を分類できるが，この作業にはT時間かかり，今日中には終わりそうにないことがわかった。そこで作業を効率よく行う工夫を考えることにした。

[工夫1：使用色を数で表す]　まず，使われている色を認識しやすくするために，9種類の色を1から9までの数で表すことにした。また，使われている色を「1, 3, 4, 7」のように値の小さい順に書いたメモを作り，図1のように絵に貼ることにした。

　200枚の絵にこのようなメモを貼る作業は1時間かかることがわかった。また，メモを使うことで1回の比較の時間は　アイ　秒の$\frac{1}{4}$で済むことがわかった。そこで，分類に要する時間はメモを貼る時間を合わせて　ウ　時間に短縮できると予想された。

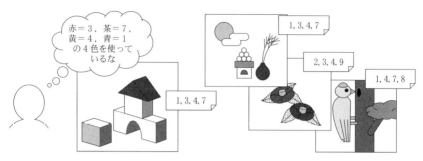

図1 使用色を数で表したメモを貼ったところ

[工夫2：絵を並べ替える] 次に，工夫1で作成したメモに書かれた4個の数字を4桁の数とみなし，数の小さい順に絵を並べ替えることにした。ただし，使われている色が3色以下の絵が何枚かあったが，それらは3桁以下の数とみなして並べ替えることにした。並べ替えた後は，色の組合せが同じ絵は ┃ **エ** ┃ はずであるため，そのような関係にある絵の組を比較するだけで，すべての絵を分類できる。1回の比較に ┃ **アイ** ┃ ÷4秒かかるとすると，最も比較回数が多くなる場合でも，200枚の分類作業はおおよそ ┃ **オ** ┃ × ┃ **アイ** ┃ ÷4秒でできると予想される。

絵を並べ替える作業は1時間かかった。比較にかかる時間が減ったことにより，メモを貼るための1時間と絵を並べ替えるための1時間を加えても，当初より十分に短い時間で分類の作業を行えた。

問 2　次の文章を読み，空欄 | カ |，| ク |〜| サ |，| チ |〜| テ | に入れるのに最も適当なものを，次ページのそれぞれの解答群のうちから一つずつ選べ。同じものを何度選んでもよい。また，空欄 | キ |，| シ |〜| タ | に当てはまる数字をマークせよ。ただし，| ク |〜| コ | および | ス |〜| タ | のそれぞれの解答の順序は問わない。

　工夫 1 および工夫 2 によって使っている色で絵を分類すると，使っている色の組合せが同じで 3 枚以上からなる絵の組が 56 組，計 188 枚あった。これらはすべて 4 色の絵であった。したがって，これらは 56 人の子供によって塗られたことがわかる。残り 12 枚の絵には 3 色以下の絵も含まれていたが，この 12 枚は残った 4 人だけが塗ったものであり，先に挙げた 56 人が塗った可能性はない。なぜなら，| カ | からである。

　残った 12 枚のうち，6 枚が 4 色，6 枚が 3 色以下の絵であった。4 色の絵 6 枚は，含む色の組合せで分けると，2 枚ずつ 3 つの組になった。図 2 にそれぞれの絵の色の組合せを示す。なお，3 色以下の絵を A から F までの記号で呼ぶことにする。

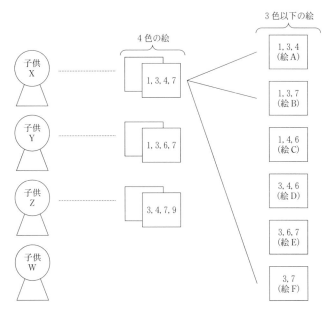

図 2　残った 12 枚，4 人分の絵（子供 X との対応可能性のみ線で結んだ）

　　4色の絵3組は，4人のうち3人の子供が持つ色に対応していることがわかる。図2のように，持つ色が判明している子供をX，Y，Zと呼び，残った子供をWと呼ぶことにする。この場合，子供WはAからFの絵の中から　キ　枚を塗ったと考えられる。

　　これらの情報から，AからFのそれぞれの絵がどの子供によって塗られたかを考えることにした。まず，AからFのうち，子供Xが持つ4色で塗ることが可能な絵はA，B，Fであるので，これを図2のように実線でつないだ。同様に考えると，子供Yが塗った可能性がある絵は　ク　，　ケ　，　コ　である。また，子供Zは　サ　以外の絵は塗れないため，　サ　は子供Zの3枚目の絵であることがわかる。

　　このように線でつないでいくと，AからFの絵の中に，子供X，Y，Zが塗った可能性がない絵が　シ　枚存在することがわかる。これは子供Wの塗った絵であると考えられる。この絵に含まれている色を考慮すると，子供Wの持っていた色は　ス　，　セ　，　ソ　，　タ　の4色だったと決定できる。この4色で子供Wによって塗られた可能性があるのは，残った絵のうち　チ　しか存在しない。これらの対応が決定できた絵を除くと，子供Xは　ツ　の絵に，子供Yは　テ　の絵に対応することがわかる。これですべての絵について，同じ子供が塗ったと考えられる組合せを得ることができた。

┌─ 　カ　 の解答群 ───────────────────────
│
│ ⓪　12枚の絵を塗るには，4人より多い子供が必要である
│
│ ①　3色以下の絵は，どの4色の組合せを持った子供が塗ったかが決まらない
│
│ ②　それぞれの子供が少なくとも3枚の絵を塗っている
│
│ ③　あり得る4色の組合せの数が，塗られた絵の枚数200より多い
│
│ ④　先に挙げた56人の子供のうち，少なくとも1人が4枚以上の絵を塗っている
│
└──────────────────────────────────

┌─ 　ク　～　サ　，　チ　～　テ　の解答群 ───────────
│ ⓪ A　　　① B　　　② C　　　③ D　　　④ E　　　⑤ F
└──────────────────────────────────

〔2021年度 第1日程「情報関係基礎」第2問〕

▶ **Section 3** ▶　モデル化とシミュレーション

30　次の文章を読み，後の問い(問 1 ～ 3)に答えよ。

　K さんは，あみだくじを表示するプログラムを作ろうと考えた。どの文字も同じ幅で表示されることを仮定して，記号の「┃」・「┣」・「┫」という文字と改行を使うことにした。文字の左右および行間に隙間のない表示をすれば，これらの記号がつながって，あみだくじの線に見える。

　あみだくじには縦線が 2 本以上，横線が 1 本以上ある。プログラムを簡単にするため，横線は隣り合う縦線の間のみを結ぶとし，一つの行にはちょうど 1 本だけ横線があるとした。

　例えば，縦線が 3 本で横線が 4 本であるあみだくじを，図 1 のように 4 行で表示する。この図で点線は文字の枠を示しており，各行の右端で改行している。このあみだくじの一番上の横線は左から 2 本目と 3 本目の縦線を結んでおり，「┃」・「┣」・「┫」と改行をこの順に表示することで 1 行目を出力できる。上から 2 番目の横線は左から 1 本目と 2 本目の縦線を結んでお

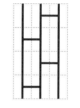

図 1　表示されるあみだくじの例

り，1 行目の表示に続けて「┣」・「┫」・「┃」と改行をこの順に表示することで 2 行目を出力できる。3 行目と 4 行目も同様である。

問 1　次の文章を読み，空欄 　ア 　～ 　ウ 　に当てはまる数字をマークせよ。また，空欄 　エ 　・　オ 　に入れるのに最も適当なものを，後の解答群のうちから一つずつ選べ。

　　表示したいあみだくじを指定するために，縦線の本数を変数 `tate` に，横線の位置の情報を整数の配列 `Yokosen` に，横線の本数を変数 `yoko` に入れることにした。配列の要素 `Yokosen[y]` が `x` であることは，上から `y` 番目の横線が左から `x` 番目の縦線と `x` + 1 番目の縦線を結ぶことを表す。

　　例えば，図 1 のあみだくじを表示するには，`tate` を 　ア 　，`yoko` を 4 と設定し，`Yokosen[1]`← 2，`Yokosen[2]`← 1，`Yokosen[3]`← 　イ 　，`Yokosen[4]`← 　ウ 　と設定する。以下では，配列の要素の並びを[　]でくくって配列全体を表すことがある。例えば，上記のように設定された `Yokosen` は[2, 1, 　イ 　, 　ウ 　]と表せる。

　　このように `tate`，`yoko`，`Yokosen` が設定されているとき，あみだくじを

表示する手続きとして，図2を作成した。

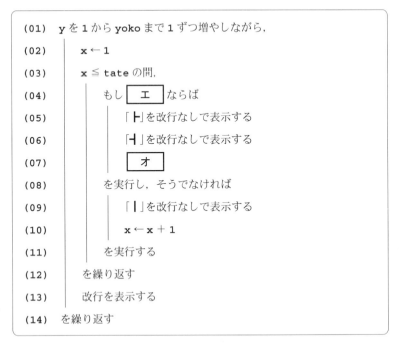

図2 あみだくじを表示する手続き

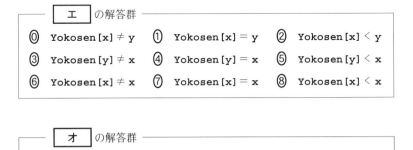

問 2　次の文章を読み，空欄　カ　～　ケ　に入れるのに最も適当なものを，後の解答群のうちから一つずつ選べ。

　K さんは次に，あみだくじを引いた結果をコンピュータで求めることを考えた。まず，あみだくじの縦線のそれぞれの上端にコマを置く。コマを区別するため，それぞれに番号をつけておく。すべてのコマを同時に，縦線に沿って下に移動していき，横線があったら，横線がつなぐ二つの縦線の上にあるコマを入れ替えれば，あみだくじの結果を求めることができる（図3）。

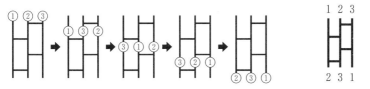

　　　図3　あみだくじの結果を求める様子　　　　図4　図5の手続きが表
　　　　　　　　　　　　　　　　　　　　　　　　　　　　示するあみだくじ

　コマの番号を順番に格納した配列 **Koma** が与えられ，**Koma** には最初，あみだくじの上端に置くコマの番号が左から順に格納されているものとする。すなわち，**Koma** の要素数とあみだくじの縦線の本数は等しい。

　できた手続きを図5～7に示す。ここで用いている関数「**要素数**」はあらかじめ用意されたもので，配列を与えるとその要素数を返す。例えば **Koma** が $[1, 2, 3]$ のとき，**要素数(Koma)** は3を返す。図6と図7はここで用いる新しい関数の定義である。関数を定義するときは，「関数」というキーワードと空白に続いて，関数名と，**()** でくくられた引数列を書き，「を」と「と定義する」までの間に関数の本体を書く。関数を呼び出すときは，関数名に続けて引数列を **()** でくくって書く。例えば，図5の **(01)** 行目は関数「**配列を表示する**」を呼び出しており，これを実行すると，図6の **(02)** ～ **(05)** 行目が実行される。

　図5では，まず図6で定義した関数「**配列を表示する**」を呼び出し，最初に与えられた **Koma** を表示する。次に図7で定義した関数「**あみだくじを表示する**」を呼び出す。ここでは　カ　の値が **tate** に格納されて，図2と同じ処理をすることであみだくじを表示する。図5の **(03)** ～ **(07)** 行目では，コマを入れ替えることによって，あみだくじの結果を求めている。最後に **(08)** 行目で再び関数「**配列を表示する**」を呼び出して結果を表示している（図4）。

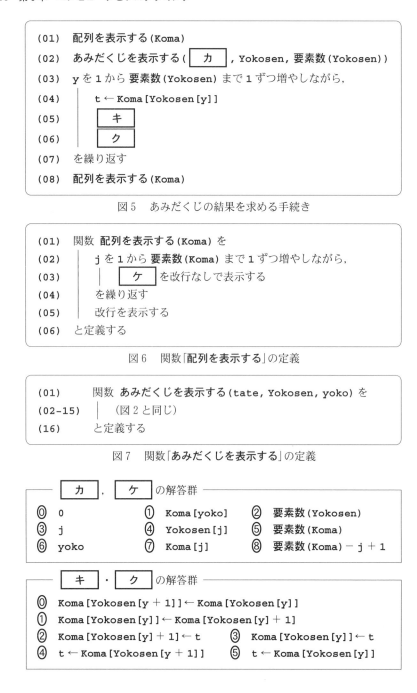

(01)　配列を表示する(Koma)
(02)　あみだくじを表示する(| カ | , Yokosen, 要素数(Yokosen))
(03)　y を 1 から 要素数(Yokosen) まで 1 ずつ増やしながら,
(04)　│　t ← Koma[Yokosen[y]]
(05)　│ | キ |
(06)　│ | ク |
(07)　を繰り返す
(08)　配列を表示する(Koma)

図5　あみだくじの結果を求める手続き

(01)　関数 配列を表示する(Koma) を
(02)　│　j を 1 から 要素数(Koma) まで 1 ずつ増やしながら,
(03)　│　| ケ | を改行なしで表示する
(04)　│　を繰り返す
(05)　│　改行を表示する
(06)　と定義する

図6　関数「配列を表示する」の定義

(01)　　関数 あみだくじを表示する(tate, Yokosen, yoko) を
(02-15)　│　(図2と同じ)
(16)　　と定義する

図7　関数「あみだくじを表示する」の定義

─ | カ | , | ケ | の解答群 ─
⓪　0　　　　　　　① Koma[yoko]　　② 要素数(Yokosen)
③　j　　　　　　 ④ Yokosen[j]　　 ⑤ 要素数(Koma)
⑥　yoko　　　　　⑦ Koma[j]　　　　⑧ 要素数(Koma) − j + 1

─ | キ | ・ | ク | の解答群 ─
⓪　Koma[Yokosen[y + 1]] ← Koma[Yokosen[y]]
①　Koma[Yokosen[y]] ← Koma[Yokosen[y] + 1]
②　Koma[Yokosen[y] + 1] ← t　　③ Koma[Yokosen[y]] ← t
④　t ← Koma[Yokosen[y + 1]]　　⑤ t ← Koma[Yokosen[y]]

問 3　次の文章を読み，空欄　コ　～　ト　に入れるのに最も適当なものを，後の解答群のうちから一つずつ選べ。ただし，同じものを繰り返し選んでもよい。

　Ｋさんが手続きを作るのを見ていたＭさんは，昇順でないコマの並びを昇順に並べ替えるあみだくじを表示する手続きを作ることにした。配列 **Koma** の隣り合う要素の大小関係が逆転しているときに，これらを入れ替えればよいと考えて，図 8 の手続きを作った。この手続きでは，図 6 で定義された関数「**配列を表示する**」と図 7 で定義された関数「**あみだくじを表示する**」を用いている。なお，配列 **Yokosen** は十分な大きさを持ち，全要素が 0 で初期化されていると仮定する。

　Ｍさんが作った図 8 の手続きについて，Ｋさんは具体的な例として **Koma** に $[5, 2, 4, 3, 1]$ を入れた場合の動作を観察した。このとき表 1 を用意して，図 8 の **(09)** 行目の直後における p，q，**Yokosen**，**Koma** を記録し，その変化を見ることで実行の様子を追いかけた。最終的には図 9 のあみだくじが表示された。

```
(01)    配列を表示する(Koma)
(02)    yoko ← 0
(03)    p を 1 から 要素数(Koma) － 1 まで 1 ずつ増やしながら，
(04)        q を 1 から 要素数(Koma) － p まで 1 ずつ増やしながら，
(05)            もし Koma[q] ＞ Koma[q ＋ 1]ならば
(06)                （Koma[q] と Koma[q ＋ 1]を入れ替える手続き）
(07)                yoko ← yoko ＋ 1
(08)                Yokosen[yoko] ← q
(09)            を実行する
(10)        を繰り返す
(11)    を繰り返す
(12)    あみだくじを表示する(  カ  , Yokosen, yoko)
(13)    配列を表示する(Koma)
```

図 8　昇順に並べ替えるあみだくじを作って表示する手続き

表1　図8の手続き(09)行目の直後における
　　p, q, Yokosen, Koma の値

p	q	Yokosen	Koma
1	1	1, 0, 0, ⋯	2, 5, 4, 3, 1
1	2	1, 2, 0, ⋯	コ
1	3		サ
1	4		シ
2	1		ス
2	2		
2	3		
3	1		
3	2		
4	1		

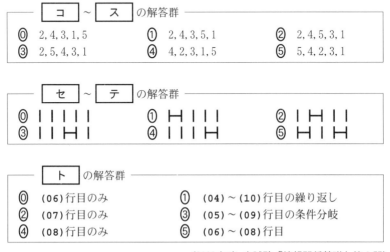

図9　図8の手続き
　　が表示するあみ
　　だくじ

　図8の(04)行目の **要素数(Koma)** － p を **要素数(Koma)** － 1 としても同じ
あみだくじが表示される。しかし，| ト | の処理の結果として p 番目に大
きな値の位置(添字)が決まることで，Koma の要素が大きな値順に p 番目まで
決まるため，**要素数(Koma)** － p まで繰り返せば十分である。

　| コ | ～ | ス | の解答群
⓪　2, 4, 3, 1, 5　　　①　2, 4, 3, 5, 1　　　②　2, 4, 5, 3, 1
③　2, 5, 4, 3, 1　　　④　4, 2, 3, 1, 5　　　⑤　5, 4, 2, 3, 1

　| セ | ～ | テ | の解答群
⓪ ||||| 　　　① Ⅱ||| 　　　② |Ⅱ||
③ ||Ⅱ| 　　　④ |||Ⅱ 　　　⑤ Ⅱ|Ⅱ

　| ト | の解答群
⓪　(06)行目のみ　　　　　　①　(04)～(10)行目の繰り返し
②　(07)行目のみ　　　　　　③　(05)～(09)行目の条件分岐
④　(08)行目のみ　　　　　　⑤　(06)～(08)行目

〔2022年度 本試験「情報関係基礎」第3問〕

31 次の文章を読み，下の問い（**問1～3**）に答えよ。

　Nさんは15個のマスからなるスゴロクを作成した。1番目のマスをスタート，15番目のマスをゴールとし，間のマスには楽しめる仕掛けを入れることにした。

問1　次の文章を読み，空欄　**ア**　～　**ウ**　に当てはまる数字をマークせよ。また，空欄　**エ**　に入れるのに最も適当なものを，下の解答群のうちから一つ選べ。

　図1はNさんが作ったスゴロクである。スゴロクに参加するプレーヤーは開始時に自身のコマをスタートに置く。プレーヤーは順番にサイコロを振り，出た目に応じて自身のコマを動かす。最も早くコマをゴールに到達させたプレーヤーが勝者になる。

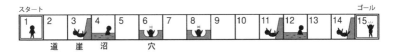

図1　Nさんが作成したスゴロク

　表1にマスの種類とその効果を示す。「マスの効果」は，そのマスにいるコマのプレーヤーがサイコロを振ったときに適用される。スタートとゴールとそれらの間以外にはマスが存在しないため，スタートより後ろに戻ろうとした場合はスタートにとどまり，ゴールより先に進もうとした場合はゴールにとどまる。

表1　マスの種類とその効果

マスの種類	マ　ス　の　効　果
スタート 🚶 道 ☐	出た目の数だけコマを前進させる。
崖	出た目の数だけコマを後退させる。
穴	出た目が4以上なら，出た目の数だけコマを前進させる。 3以下の場合はそのマスにとどまる。
沼	出た目の数の半分だけコマを前進させる。小数点以下は切り捨てる。
ゴール	―

　Nさんは友人のSさんとスゴロクで遊んでみた。表2はその記録である。サイコロは1～6の目が出るものを使用した。全プレーヤーが1回ずつサイコロを振り，出た目に応じてコマの位置の更新を行うことを，**ラウンド**と呼ぶ。ゲームはラウンド1，ラウンド2，…と進行する。

表2　NさんとSさんの各ラウンドのスゴロクの記録

	ラウンド	開始時	1	2	3	4	5	6	7
N	出た目	―	3	6	?	1	2	4	3
	コマの位置	1	4	ア	9	10	12	?	11
S	出た目	―	1	4	3	ウ	3	5	3
	コマの位置	1	2	イ	?	?	8	13	15

（設問の都合により，値を"?"で隠している箇所がある）

　表2のラウンド1を見ると，Nさんのコマ（コマN）は出た目が3なのでマス4に移動し，Sさんのコマ（コマS）は出た目が1なのでマス2に移動した。続くラウンド2で，沼マスにいるコマNはマス　ア　に，道マスにいるコマSはマス　イ　に，それぞれ移動した。ラウンド4では，Nさんは1の目を出してマス10に移動した。このラウンドでSさんは　ウ　の目を出している。ラウンド5でコマNはマス12に，コマSはマス8に移動した。コマNは

ラウンド 6 で　　エ　　の目が出ればゴールに到達するはずだったが，実際には
ゴールに到達できなかった。一方，コマ S はラウンド 6 でマス 8 の穴マスか
ら脱出し，ラウンド 7 でゴールに到達したため，この勝負は S さんの勝ちに
なった。

―――　　エ　　の解答群　―――

⓪　3 以下　　①　3　　　　②　3 以上　　③　5　　　　④　6

問 2　次の文章を読み，空欄　　オ　　～　　ク　　に入れるのに最も適当なものを，
下の解答群のうちから一つずつ選べ。

　N さんは，出た目から移動先のコマの位置が自動的にわかれば便利と考え，
コマの位置をコンピュータで計算する手続きを作成することにした。できた
手続きを図 2 に示す。表 3 に図 2 で使われる配列変数を示す。図 2 では，
(08)行目でラウンドごとに各プレーヤーがサイコロを振って出た目が入力さ
れ，その値を配列変数 Saikoro に格納する。各プレーヤーのコマの位置は配
列変数 Koma に格納することにした。変数 r は何番目のラウンドであるかを表
し，手続きの開始時の値は 0，最初にサイコロを振るときの値は 1 である。

第3章

```
(01)   ninzu ← 2, owari ← 0, r ← 0

(02)   i を 1 から ninzu まで 1 ずつ増やしながら，

(03)   │   Koma[i,r] ← 1

(04)   を繰り返す

(05)   owari ＝ 0 の間，

(06)   │   r ← r + 1

(07)   │   i を 1 から ninzu まで 1 ずつ増やしながら，

(08)   │   │   Saikoro[i,r] ←【出た目を入力】

(09)   │   │   k ← Koma[i,  オ  ]

(10)   │   │   bairitu ← Masu[k]

(11)   │   │   もし bairitu ＝ 0 かつ Saikoro[i,r] ≧ 4 ならば

(12)   │   │   │   bairitu ←  カ

(13)   │   │   を実行する

(14)   │   │   idou ← 切り捨て(Saikoro[i,r] ×  キ  )

(15)   │   │   Koma[i,r] ← k +  ク

(16)   │   │   もし Koma[i,r] ＜ 1 ならば Koma[i,r] ← 1 を実行する

(17)   │   │   もし Koma[i,r] ≧ 15 ならば

(18)   │   │   │   Koma[i,r] ← 15, owari ← 1

(19)   │   │   を実行する

(20)   │   を繰り返す

(21)   を繰り返す
```

図 2　コマの位置を求める手続き

表 3　手続きで使用される配列変数

配列変数	説　明
Koma[i,r]	ラウンド r におけるプレーヤー i の更新後のコマの位置
Saikoro[i,r]	ラウンド r におけるプレーヤー i の出た目
Masu[k]	マス k の効果値

　Nさんは，コマが移動する数を「出た目 × マスの効果値」の計算で求められるように，マスの種類ごとの効果を表す「効果値」を考えた。各マスの効果値はあらかじめ配列変数 Masu に格納されている。効果値の値は，道マスは 1，崖マスは － 1，沼マスは 0.5 である。穴マスは 0 が格納されているが，サイコロの目に応じて (11) ～ (13) 行目で適切な値に変更してから使用される。

　この手続きでは何人でも遊べるように変数 ninzu にプレーヤーの人数を格納することにした。変数 owari はゲームの状態を表し，どのプレーヤーもゴールに到達していない場合は 0 のままで，誰かがゴールに到達した場合は 1 が入る。また，数値の小数点以下を切り捨てて整数にする関数「切り捨て」を用いている。例えば「切り捨て (3.8)」の結果は 3 になる。

第3章

オ ～ ク の解答群							
⓪	0	①	1	②	0.5	③	－ 1
④	k	⑤	r	⑥	r + 1	⑦	r － 1
⑧	bairitu	⑨	idou	ⓐ	ninzu		

問 3　次の文章を読み，空欄 ケ ・ コ ， シ ・ ス に当てはまる数字をマークせよ。また，空欄 サ に入れるのに最も適当なものを，下の解答群のうちから一つ選べ。

　友人の S さんはスゴロクを面白くするために，オバケ  が登場するスゴロクを作成した。N さんは早速，S さんが作った図 3 の手続きをもらった。S さんによると，「オバケは一定範囲のマスを移動する。コマがゴール方向にオバケを追い抜こうとするとオバケに捕まる」とのことである。図 3 において，変数 obake にはオバケの位置が格納される。(22) ～ (24) 行目が「オバケに捕まる」処理とのことであるが，それ以上のことは教えてくれなかった。なお，(07) 行目の (r － 1) % 4 は，r － 1 を 4 で割った余りを計算している。

```
(01)        ninzu ← 1, owari ← 0, r ← 0, obake ← 6
(02-04)     （図2の(02)～(04)と同じ）
(05)        owari = 0 の間,
(06)          r ← r + 1
(07)          a ←(r − 1)％4
(08)          もし a < 2 ならば
(09)            │  obake ← obake + 1
(10)          を実行し，そうでなければ
(11)            │  obake ← obake − 1
(12)          を実行する
(13)          i を 1 から ninzu まで 1 ずつ増やしながら,
(14-21)         （図2の(08)～(15)と同じ）
(22)            もし Koma[i,r − 1] < obake
                   かつ Koma[i,r] > obake ならば
(23)              │  Koma[i,r] ← obake
(24)            を実行する
(25-28)         （図2の(16)～(19)と同じ）
(29)          を繰り返す
(30)        を繰り返す
```

図3　コマの位置を求める手続き（オバケを追加）

　Nさんは図4のスゴロクを用いてSさんが作ったオバケの動きを調べることにした。図3を見ると，開始時（r が 0 のとき）のオバケの位置はマス6である。オバケの位置を求めるには図3の(07)行目の a の値が必要になることから，ラウンド r のときの更新後の a の値，更新後のオバケの位置，出た目，更新後のコマ N の位置を記入する表4を作成し，実際にサイコロを振りながら値を記入することにした。

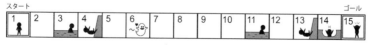

（この図でオバケのいるマス6は道マスである）

図4　オバケが登場するスゴロク

表4　動作確認のための表

ラウンド r		0	1	2	3	4	5	6	7	8	9
a の値		—									
オバケの位置		6	7	ケ	コ						
N	出た目	—	3	1	4	3	6	1	2	3	2
	コマの位置	1	4	3	5	シ					

　まず，オバケの動きを調べてみた。ラウンド1のときのオバケの位置は図3の**(08)**～**(12)**行目の処理からマス7となり，ラウンド2，3のときのオバケの位置は，それぞれマス　ケ　，マス　コ　になる。ラウンドを進めるうちに，オバケはマス　サ　の範囲内で移動することがわかった。

　次に，オバケが登場するスゴロクでのコマNの動きを調べてみた。ラウンド3の更新後のコマの位置はマス5である。ラウンド4で出た目は3で，そのラウンドの更新後のコマの位置はマス　シ　となる。コマが初めてマス9以降のマスに移動するのはラウンド　ス　の更新後であった。以上から，Nさんはこの手続きにおけるコマとオバケの動きを理解できた。

─────　サ　の解答群 ─────

⓪　5から9　　①　6から8　　②　5から7　　③　6から10

〔2021年度　第1日程「情報関係基礎」第3問〕

第3章　コンピュータとプログラミング / 解答解説

▶ Section 1 ▶　コンピュータの仕組み

23

ア	正解は②	イ	正解は①	ウ	正解は③
エ	正解は①	オ	正解は①	カ	正解は②
キ	正解は②	ク	正解は④		

　ハードウェアはその目的から，入力装置，記憶装置，出力装置に分類される。入力装置としては文字・画像・音声をコンピュータに入力する「キーボード」「イメージスキャナ」「マイク」が該当する。記憶装置にはデータを保存する「ハードディスク」が，出力装置にはデータや画面を出力する「プリンタ」「プロジェクタ」「ディスプレイ」がそれぞれ該当する。「ルータ」は外部のネットワークと内部のネットワークを接続する通信機器に分類される。

24

ア	正解は⑨	イ	正解は①	ウ	正解は⑧
エ	正解は③	オ	正解は⑧	カ	正解は⑦
キ	正解は④	ク	正解は④	ケ	正解は③
コ	正解は⑥	サ	正解は⑥		

　(1)のクラス全体を示すベン図は，条件A・条件Bとそのどちらでもない人を含むので⑨が正しい。(2)のノート型を持っている人は条件Aに該当する人なので①，(3)のどちらも持っていない人は条件A・条件B以外の人なので⑧となる。

　(4)の少なくとも一方を持っている人のベン図は，条件Aと条件Bの論理和となり③，人数は $40-8=32$ 人となる。(5)の両方を持っている人は，条件Aと条件Bの論理積となりベン図は⑦，人数は $25+20-32=13$ 人となる。

　(6)のノート型のみを持っている人は，条件Aから条件Aと条件Bの論理積を引いた集合となり，ベン図は④で，人数は $25-13=12$ 人となる。

　(7)のいずれか一方のみを持っている人を表すベン図は，条件Aと条件Bの論理和から論理積を引いた⑥で，人数は $32-13=19$ 人である。

25　正解はⒹ

　GUI，CUIはコンピュータのユーザーインタフェースの種類である。それまでの主流であった文字により命令を指定するCUI（Character User Interface）に対し，視覚的に命令を操作するGUI（Graphical User Interface）が，現在のインタフェースの主流となっている。

26

ア	正解は⑥	イ	正解は⑦	ウ	正解は⑤
エ	正解は④	オ	正解は⓪	カ	正解は①
キ	正解は⑨	ク	正解は③	ケ	正解は②
コ	正解は⑧				

コンピュータは，機器であるハードウェアと，プログラムであるソフトウェアから構成される。ハードウェアは入力装置・記憶装置・出力装置からなり，記憶装置はCPUが直接アクセスする主記憶装置と，データを保存する補助記憶装置に分類される。

ソフトウェアはOSと呼ばれる基本ソフトウェアと，特定の目的のためのアプリケーションソフトウェアに分類される。

27

ア	正解は⓪	イ	正解は⓪	ウ	正解は⓪
エ	正解は①	オ	正解は⓪	カ	正解は①
キ	正解は①	ク	正解は①	ケ	正解は①
コ	正解は⓪	サ	正解は①	シ	正解は⓪
ス	正解は①	セ	正解は①		

AND回路では，入力が全て1のときのみ出力が1となるから，**エ**の場合のみ1が出力され，**ア～ウ**の場合は0が出力される。

OR回路では，入力の1つでも1であれば1が出力されるので，**カ～ク**の場合は1が出力され，**オ**の場合は0が出力される。

NOT回路は入力と反対の結果を出力するので，**ケ**の場合は0の入力に対し1，**コ**の場合は1の入力に対し0が出力される。

組み合わせの回路では，x_2からの入力はNOT回路を通るので，x_2からの入力が0の場合は1が出力され，入力が1の場合は0が出力される。これをふまえてOR回路の入力と出力を見ていくと，**サ**では0と1が入力されるので出力は1，**シ**では0と0が入力されるので出力は0，**ス**では1と1が入力されるので出力は1，**セ**では1と0が入力されるので出力は1となる。

▶ Section 2 ▶ アルゴリズムとプログラミング

☐
28 問1　│ ア │　正解は①　　│ イ │　正解は②　　│ ウ │　正解は④
☐
　　　　　│ エ │　正解は①

　回文は文字の並びを逆順にしても元と同じになることが条件であるが，①えのとらとらえは逆にすると「えらとらとのえ」となってしまい，同じにならないので回文ではない。

　「とらのこのこのこ」は説明文のルールによると「と・ら・の・このこのこ」または「と・ら・のこのこの・こ」の4つの回文の連結で作れるので，「幸いさ」は8÷4＝2となる。

　長さ n の文字列でそれ自身が回文である場合の「幸いさ」は，文字数 n を最小の回文の数＝1で割った $n÷1＝n$ となるので，④n が正解となる。同様に，文字数 n で長さ1の回文しか現れない，すなわち最小の回文の数＝n となるので，この場合の「幸いさ」は $n÷n＝1$ で①1が正解となる。

問2　│ オ │　正解は②　　│ カ │　正解は⑤　　│ キ │　正解は⓪
　　　│ ク │　正解は③　　│ ケ │　正解は⑤　　│ コ │　正解は⑥
　　　│ サ │　正解は⑦　　│ シ │　正解は⑧

　オ，カについて，問題文から (x, y) は文字列の位置に対応することがわかる。「ばししば」は，「しばししばまた」の2文字目から5文字目までの文字なので，x は2，y は5となることがわかる。

　「x 文字目から y 文字目までが回文」のとき，その両隣の文字が同じ（$x-1$ 文字目＝$y+1$ 文字目）であれば，$x-1$ 文字目から $y+1$ 文字目までは回文となるといえるので，**キ**には⓪同じ文字が入る。

　ク，ケは「×の左下のマスは必ず×である」性質を利用すると，$(x, y)=(4, 4)$ のマスは○なので$(4, 4)$ の左下のマスである$(3, 5)$ は○×が決まらないから，$(4, 4)$ の次は$(3, 5)$ を調べることになる。

　コ，サは$(3, 5)$ を実際に調べると「ししば」なので×となり，$(3, 5)$ が×のため「×の左下のマスは必ず×である」性質から$(2, 6)$ が×，さらに$(1, 7)$ が×と決まる。

　シはまず長さ1と2の文字列について○×を図に書きこむと次の図Aのようになる。次に，○のマスの左下は○×が決まらないのでそれぞれ実際に調べると図Bのようになる。このとき$(2, 5)$ の左下$(1, 6)$ も調べる。図Bの空欄になっているマスはすべて×の左下のマスなので，上記の性質から×と決まるため，文字を調べずに×と決めるマスは全部で8個である。

図A

y\x	1	2	3	4	5	6	7
1	○						
2	×	○					
3		×	○				
4			○	○			
5				×	○		
6					×	○	
7						×	○

図B

y\x	1	2	3	4	5	6	7
1	○						
2	×	○					
3	○	×	○				
4			×	○			
5	○	×	×	○			
6	×				×	○	
7					×	×	○

問3　　スス・セセ　正解は⑤・ⓑ（順不同）　　ソ　正解は②
　　　タ　正解は④　　チ　正解は②　　ツ　正解は③
　　　テ　正解は②　　ト　正解は③　　ナ　正解は④
　　　二　正解は②

第3章

　問題文で，図2は「文字列中に現れるすべての回文それぞれに対して，開始直前の丸印から出て，終了直後の丸印へ入る矢印を引く」とある。12文字目を含む回文を考えるとき，12文字目だけの「タ」と6文字目から12文字目までの「タイガーガイタ」が回文となり，これを図2の矢印で表すと⑪→⑫，⑤→⑫となるので，ス，セはⓑ⑪と⑤⑤が正解となる。

　次にソ，タを考える。問題の「ガ・タ・イイ・イタイ」のうち「イイ」は②→④，「イタイ」は④→⑦の矢印にあたるので，ソは②，タは④が正解となる。

　「最短距離」は，たどるのに必要な矢印の最少本数なので，図2より，チの⓪から②は2，ツの⓪から③は3が最短距離となる。

　⓪から⑤の最短距離を考えると，矢印②→⑤をたどるのが最短となり，その場合の最短距離は3となるので，テには②②，トには3が入る。

　⓪から⑫への最短距離は図2より矢印⓪→①→⑥→⑪→⑫となり，ナは4となる。⓪から⑫へ最短距離4で行く矢印は，図2上では上記⓪→①→⑥→⑪→⑫しかないが，⑤→⑫に入る矢印が略されているのでこれをふまえると⓪→①→②→⑤→⑫も最短距離となる。ゆえに二は2通りが正解となる。

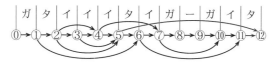

29 問1 アイ 正解は②⓪ ウ 正解は③ エ 正解は⓪
オ 正解は①

30枚比較するのに10分かかったので，アイの1回（1枚）の比較にかかる時間は $(10 \times 60) \div 30 = 20$ 秒となる。

1回の比較時間が $\dfrac{1}{4}$ となったとあるので，比較にかかる時間は $T \div 4$ 時間，ここにメモを貼る時間＝1時間を足せばよいので，ウに入るのは③ $1 + (T \div 4)$ が正解。

同じ色の組合せのメモの数は同じ数となるので，エは⓪隣り合って現れるが正しい。

200枚の分類作業は，隣り合う199組を比較すれば十分なので，オは①199が正解となる。

問2 カ 正解は② キ 正解は③
ク・ケ・コ 正解は①・④・⑤（順不同） サ 正解は⑤
シ 正解は②
ス・セ・ソ・タ 正解は①・③・④・⑥（順不同）
チ 正解は⓪ ツ 正解は① テ 正解は④

問題文冒頭の条件に「それぞれの子供は少なくとも3枚の塗り絵をした」とあるので，「残った4人」の子供がそれぞれ3枚ずつ塗ったとすると計12枚となり，残っている数と一致する。ゆえにカは②が正解。キは，子供Wが4色の絵を1枚も塗っておらず，残った4人の全員が3枚の塗り絵をしていることから，3色以下の絵AからFの中の3枚を塗ったと考えられる。

ク，ケ，コの子供Yが塗った可能性のある絵は，絵A～Fのうち色1，3，6，7だけが含まれるものであるから，①B，④E，⑤Fの3つである。サの子供Zの持つ色3，4，7，9で塗ることができる絵は⑤Fしかないので，これは子供Zの絵で確定する。

シの子供X，Y，Zと結びつかない絵は，絵Cと絵Dの2枚存在する。絵Cは色1，4，6，絵Dは色3，4，6で塗られているので，ス，セ，ソ，タの子供Wの持っていた色は1，3，4，6であるとわかる。この4色の組合せで塗ることができる絵は，残った絵のうちAしかないので，チは⓪Aが正解。ここまでの作業で，絵Fは子供Z，絵A，C，Dは子供Wの作品とわかったので，ツの子供Xの作品は①B，テの子供Yの作品は④Eということがわかる。

> ► **Section 3** ► モデル化とシミュレーション

30 問1　｜ ア ｜ 正解は③　　｜ イ ｜ 正解は②　　｜ ウ ｜ 正解は①
　　　　　｜ エ ｜ 正解は④　　｜ オ ｜ 正解は②

　変数 tate は縦線の本数であるので，**ア**には図1のあみだくじから3が入る。

　「Yokosen[y]がxであることは，上からy番目の横線が左からx番目の縦線とx+1番目の縦線を結ぶことを表す」とあるので，**イ**の Yokosen[3] つまり上から3番目の横線は，左から2番目と3番目の縦線を結んでいるので2が入る。同様に**ウ**の Yokosen[4] は，左から1番目と2番目の縦線を結んでいるので1が入る。

　図2のプログラム(04)から(06)行目は，横線を表示する（縦線を結ぶ）処理を意味する。横線の位置は配列 Yokosen に格納され，例えば1行目について Yokosen[1] の値が2であれば横線を引く，そうでなければ縦線を引く命令となればよい。プログラムでは左から1番目（x=1），2番目（x=2），…と縦線の数 tate まで試していくので，**エ**には④Yokosen[y]=x が入る。横線を入れた場合，縦線2本分の位置が埋まり，次の表示場所は x に2を加えた場所になる。よって**オ**は②x←x+2 が入る。

問2　｜ カ ｜ 正解は⑤　　｜ キ ｜ 正解は①　　｜ ク ｜ 正解は②
　　　　｜ ケ ｜ 正解は⑦

　図5の(02)行目の関数「あみだくじを表示する」は，図7のプログラムと対応するので，図5の(02)行目の要素（**カ**，Yokosen，要素数(Yokosen)）は，図7の(01)行目の項目（tate，Yokosen，yoko）と対応する。tate と等しいのはコマの数すなわち要素数(Koma)であるので，**カ**には⑤要素数(Koma)が入る。

　図5の(03)から(07)行目のプログラムは，y を横線の数つまり要素数(Yokosen)まで順番に増やしながら，Yokosen[y]にある横線の場所を t に書き出し，その場所にあるコマ Koma[Yokosen[y]] とその次にあるコマ Koma[Yokosen[y]+1] の数値を入れ替える手順を表している。よって**キ**は横線のある場所 Yokosen[y] のコマの値に1を加えてずらし，次の枠 Yokosen[y]+1 は，もとの場所 Yokosen[y] の値に書き換える手順となるので，**キ**には①Koma[Yokosen[y]]←Koma[Yokosen[y]+1]，**ク**には②Koma[Yokosen[y]+1]←t が入る。

　図6の関数「配列を表示する(Koma)」の定義について，問題文に「コマの番号を順番に格納した配列 Koma が与えられ」るとあるので，**ケ**には⑦Koma[j] が入る。

問3　｜ コ ｜ 正解は②　　｜ サ ｜ 正解は①　　｜ シ ｜ 正解は⓪
　　　　｜ ス ｜ 正解は⓪　　｜ セ ｜ 正解は②　　｜ ソ ｜ 正解は③
　　　　｜ タ ｜ 正解は④　　｜ チ ｜ 正解は②　　｜ ツ ｜ 正解は③
　　　　｜ テ ｜ 正解は②　　｜ ト ｜ 正解は①

図8の手続き(09)行目の直後におけるそれぞれの値をまとめると, 以下のようになる。

なお, 配列 Koma と Yokosen は Koma[5,2,4,3,1], Yokosen[0,0,0,…]でそれぞれ初期化されているとする。

p	q	Koma	yoko	Yokosen
1	1	2, 5, 4, 3, 1	1	1, 0, …
1	2	2, 4, 5, 3, 1	2	1, 2, 0, …
1	3	2, 4, 3, 5, 1	3	1, 2, 3, 0, …
1	4	2, 4, 3, 1, 5	4	1, 2, 3, 4, 0, …
2	1	2, 4, 3, 1, 5	4	1, 2, 3, 4, 0, …
2	2	2, 3, 4, 1, 5	5	1, 2, 3, 4, 2, 0, …
2	3	2, 3, 1, 4, 5	6	1, 2, 3, 4, 2, 3, 0, …
3	1	2, 3, 1, 4, 5	6	1, 2, 3, 4, 2, 3, 0, …
3	2	2, 1, 3, 4, 5	7	1, 2, 3, 4, 2, 3, 2, 0, …
4	1	1, 2, 3, 4, 5	8	1, 2, 3, 4, 2, 3, 2, 1, 0, …

表のように, 配列 Yokosen[1,2,0,…]つまり上から2行目の横線の位置が左から2番目を表しており, 配列 Koma の2番目と3番目の数値が入れ替わってコは②2, 4, 5, 3, 1となる。同様に, サは配列 Yokosen[1,2,3,0,…]つまり上から3行目の横線の位置が左から3番目を表しており, 配列 Koma の3番目と4番目の数値が入れ替わり, ①2, 4, 3, 5, 1となる。シも同様に, 配列 Yokosen[1,2,3,4,0,…] となり, 配列 Koma は⓪2, 4, 3, 1, 5となる。

スはプログラム(03)行目からのループに戻り, (05)行目の Koma[q]と Koma[q + 1]を比較して Koma[q]が大きければ配列の中の数値を入れ替える手続きに入る。ここで配列 Koma は[2,4,3,1,5]であり, 1番目と2番目の数値は上記条件にあてはまらないので, 配列はそのままとなり⓪2, 4, 3, 1, 5が入る。

次にセは, 配列 Yokosen[1,2,0,…]すなわち上から2行目の左から2列目に横線があるから②が正解となる。同様に, ソは Yokosen[1,2,3,0,…]つまり上から3行目の横線の位置が左から3番目を表すから③, タは Yokosen[1,2,3,4,0,…]となり④となる。

p = 2, q = 1 のときの配列 Yokosen は[1,2,3,4,0,…]となり, その次の p = 2, q = 2 のときに配列 Yokosen は[1,2,3,4,2,0,…]つまり上から5行目の横線の位置が左から2番目となるのでチは②, ツは同様に p = 2, q = 3 のときに配列 Yokosen は[1,2,3,4,2,3,0,…]となるので③, p = 3, q = 1 のときの配列 Yokosen は[1,2,3,4,2,3,0,…]で変化せず, p = 3, q = 2 のときに配列 Yokosen は[1,2,3,4,2,3,2,0,…]となるのでテは②が入る。

トは問題文に「処理の結果として p 番目に大きな値の位置(添字)が決まる」とあるので, ひとまとまりのループと想定する。プログラムの中のループは(03)〜(11)

行目の大きなループと(04)〜(10)行目の小さなループしかなく，前者は選択肢にないので，選択肢にある①(04)〜(10)行目の繰り返しが正解となる。表から $p = 1$ のループ終了時に Koma[5] = 5，$p = 2$ のループ終了時に Koma[4] = 4 と，p の値ごとのループ終了時に p 番目に大きな値の位置が決まるので，例えば $p = 3$ のときは，q は q = 要素数(Koma) $- p = 5 - 3 = 2$ までしか動かす必要がないことがわかる。

☐
31
☐
問1　　ア　　正解は⑦　　　イ　　正解は⑥　　　ウ　　正解は⑤
　　　　エ　　正解は④

第
3
章

　ラウンド1で，コマ N はマス4にいて，ラウンド2で出たサイコロの目は6。マス4は沼マスで，出た目の半分進むルールなので，**ア**は3つ進んだマス7となる。

　同様に，コマ S さんは道マスであるマス2にいて，サイコロの出た目は4。**イ**は4つ進んだマス6となる。S さんのラウンド3のサイコロの目が3で，マス6は穴マスなので4以上でないと進めないため，「？」は6。S さんのラウンド4を考えるとき，4以上の目が出ないと進めない，つまり「？」は6，10，11，12のいずれかだが，ラウンド5のコマの位置を見ると8とあるので，マス11から崖の効果で3戻ってマス8に移動したと考えられるから，**ウ**は5となる。

　コマ N はラウンド5でマス12の沼マスに移動し，沼マスの効果は次のサイコロの目の半分だけの前進である。ゴールまではあと3マスで，ラウンド6でその2倍の6の目を出せばゴールできるので，**エ**には④ 6が入る。

問2　　オ　　正解は⑦　　　カ　　正解は①　　　キ　　正解は⑧
　　　　ク　　正解は⑨

　図2の手続きの(09)行目は，サイコロを振る前のコマの位置，つまり1ラウンド前のコマの位置を表すので，**オ**にはプレーヤー i のコマの位置を表す⑦ r − 1 が入る。

　(11)行目の bairitu = 0 は穴マスかどうかを判定し，「かつ Saikoro[i,r] ≧ 4」とあり，穴マスのルールとして4以上であればサイコロの目の通り進むことができるので，**カ**の「効果値」は① 1となる。

　(14)行目は「出た目×マスの効果値」の計算の部分が該当するので，**キ**には⑧ bairitu が入る。

　(15)行目は，コマの位置を動かす処理にあたるので，現在の位置に(14)行目で求めた⑨idou を加えればよい。

問3　　ケ　　正解は⑧　　　コ　　正解は⑦　　　サ　　正解は①
　　　　シ　　正解は⑥　　　ス　　正解は⑦

　ケ，コのオバケの位置は，(07)行目の(r − 1)を4で割った余りを計算し，(08)，(09)行目で余りが2未満であれば位置に+1，(10)，(11)行目でそうでなければ−1

とする。ラウンド2では(2−1)÷4の余りは1となり2未満である。2未満の場合,
+1とするので**ケ**は8。ラウンド3では(3−1)÷4の余りは2となり2以上である。
2以上の場合, −1とするので**コ**は7となる。

　サは, 上記の計算を続けるとラウンド4では6, ラウンド5では7, ラウンド6で
は8, ラウンド7では7, …となり, オバケは①6から8の範囲で移動することがわ
かる。

　ラウンド3の更新後にコマNはマス5にいて, ラウンド4でサイコロの目は3を出
したので, 本来はマス8に移動するはずである。しかし「オバケを追い抜こうとする
とオバケに捕まる」というルールがあるので, ラウンド4のときのオバケの位置を確
認する必要がある。先ほどの計算でラウンド4のオバケの位置はマス6であり, Nは
マス5からマス8へ移動しようとするとオバケを追い抜くことになるので, **シ**のコマ
の位置はオバケの位置=マス6が正解となる。

　このままNの動きとオバケの動きを追っていく。ラウンド5でオバケはマス7に
移動, Nはサイコロの目で6を出すがオバケを追い抜けないのでマス7へ, ラウン
ド6でオバケはマス8に移動, Nはサイコロの目で1を出しマス8へ, ラウンド7で
オバケはマス7に移動, Nはオバケから離れ, サイコロの目で2を出しマス10へ移
動する。ゆえにNがマス9以降に移動する**ス**は, ラウンド7が正しい。

第4章

情報通信ネットワーク
とデータの活用

第4章　情報通信ネットワークとデータの活用　まとめ

　情報通信ネットワークの仕組みと役割

◆◆ 情報通信ネットワーク

情報通信ネットワーク：コンピュータなどの機器を接続し，相互に情報通信するもの
コンピュータネットワークの構成要素

- **WAN**：通信会社の回線を利用した広域ネットワーク
- **LAN**：限られた区域内のネットワーク
- **プロバイダ（ISP）**：インターネット接続サービスを提供する事業者
- **ハブ**：LAN 内の機器を接続する集線装置
- **ルータ**：異なるネットワークどうしを接続し中継する装置

ネットワークの接続形態

- **有線 LAN**：LAN ケーブルを使って接続されたネットワーク
- **無線 LAN**：通信ケーブルを用いないで接続されたネットワーク。ハブの代わりに**アクセスポイント**が機器を接続する
- **Wi-Fi**：無線 LAN の通信規格の名称

クライアントサーバシステム：サービスを提供するコンピュータ（サーバ）とサービスを受け取るコンピュータ（クライアント）をネットワークで接続する仕組み

◆◆ プロトコル

プロトコル：コンピュータどうしで通信を行うための取り決めや手順のこと
TCP/IP：インターネット通信で使用されるプロトコルで，次の4階層モデルからなる

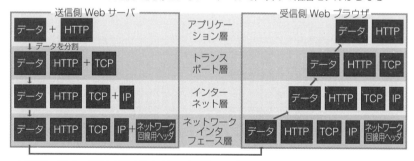

- **HTTP**：Web ブラウザと Web サーバの間でのデータの送受信に用いられるプロトコル
- **TCP**：通信の信頼性向上を役割とするプロトコル。データの欠落を検知し，再送する働きをもつ

- UDP：確実性よりも即時性を優先し，最小限の仕組みでデータを送受信するプロトコル。音声通話や動画のストリーミングで使われる
- IP：IP アドレスに基づき，パケットを宛先に届けるルーティングの役割を担うプロトコル
- IP アドレス：TCP/IP ネットワーク上の機器に割り当てられる固有番号
  - IPv 4：IP アドレスを 32 ビットで表す方式
  - IPv 6：IPv 4 の枯渇に伴い 128 ビットで表す方式
- ドメイン名：IP アドレスと対応したコンピュータを識別するためにつけられた名前
  - （例）….ed.jp
- DNS：ドメイン名と IP アドレスの対応を管理する仕組み
- URL：Web ページの置き場所を記述したもの

電子メールのプロトコル

- SMTP：電子メールを送るときのプロトコル
- POP：電子メールをサーバからダウンロードするプロトコル
- IMAP：電子メールのデータをサーバ上に残して受信するプロトコル

◆◆ 情報セキュリティ

情報セキュリティの 3 要素：機密性・完全性・可用性

情報セキュリティ対策の方法

認証技術
- 生体認証：指紋や虹彩・静脈による認証など
- 二要素認証：2 つ以上の情報を組み合わせた認証方法

ファイアウォール：ネットワークの内部と外部の通信を制御し，内部を安全に保つためのソフトウェア・ハードウェア

OS・ソフトウェアの更新：不正アクセスの危険がある**セキュリティホール**（システムの欠陥）を塞ぐために，アップデートを行い最新の状態を保つ

ウイルス対策ソフトウェア：マルウェアを検知・駆除・隔離するソフトウェア

暗号化技術
- 共通鍵暗号方式：暗号化と復号に同じ鍵（秘密鍵）を使う方式
- 公開鍵暗号方式：暗号化は受信者の公開鍵を，復号は受信者の秘密鍵を使う方式

暗号化と認証技術

電子署名：デジタル文書の正当性を証明するため，暗号化技術を用いて本人の情報であることを証明する技術

無線 LAN でのセキュリティ
- 暗号化キー：接続する際のパスワードの役割を果たす
- 暗号化技術の規格：WEP，WPA，WPA 2，WPA 3 など

SSL/TLS：インターネット上の通信を暗号化して安全性を高める仕組み

情報システムとデータの管理

◆◆ 情報システム

情報システム：特定の目的のために，コンピュータや入出力機器などをネットワークでつなぎ，一つのまとまりとして組み合わせたもの。ネットワークとデータベースの技術からなる

社会の中の情報システムの例

- **行政**：マイナンバーカード，税関連システム（e-Tax）
- **防災**：緊急地震速報，気象情報
- **交通**：GPS を用いたカーナビゲーションシステム，自動料金収受システム（ETC）
- **電子商取引**：ネットショッピング，インターネットバンキング，ATM，証券取引（オンライントレード），電子マネー，コード決済
- **企業**：POS システム（販売時点情報管理システム）

◆◆ データベース

データベース：大量のデータを扱いやすいように整理し蓄積したもの

データベース管理システム（DBMS）：データベースを作成・運用・管理するためのシステム

リレーショナルデータベース（RDB）：データを表形式で表し，複数の表を特定の項目（キー）で識別して関連づける

- **SQL**：RDB を管理するプログラム言語

扱うデータの種類

- **構造化データ**：行や列などに整理できるデータで集計・検索を行いやすい
- **非構造化データ**：音声や画像など構造化できないデータ

■ データの収集・整理・分析

◆◆ データの収集と整理

ビッグデータ：SNS の書き込みなど，大量で複雑な種類のデータ。コンピュータなどで分析されることで，社会で活用されている

データの種類

量的データ：数値として演算ができるデータ

- **間隔尺度**：西暦や温度など，数値の差に意味があるが比に意味はない尺度
- **比例尺度**：距離や勉強時間など，数値の差と比に意味のある尺度

質的データ：文字データや，数値であっても演算の対象とはならないデータ

- **名義尺度**：血液型，住所など，分類や区別のために名称・数値を割り当てた尺度
- **順序尺度**：順位，サイズなど，順序や大小関係のある尺度

データの収集

- **オープンデータ**：誰もが利用できるようにインターネットで公開されているデータ

- アンケート調査：多くの人に質問を行い，多くの回答データを集める調査
  - 対象の違い：**全数調査，標本調査**
  - 方法の違い：**質問紙調査，Web 調査，街頭調査**など

データの整理

- **欠損値**：アンケートの無回答箇所など，欠けているデータ
- **外れ値**：全体の傾向とは大きく異なる値
- **単純集計**：各項目ごとに度数や割合を計算する集計方法
- **クロス集計**：複数のカテゴリでデータを比較するための集計方法

◆❖ データの分析

数値データの表現

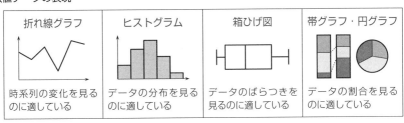

折れ線グラフ	ヒストグラム	箱ひげ図	帯グラフ・円グラフ
時系列の変化を見るのに適している	データの分布を見るのに適している	データのばらつきを見るのに適している	データの割合を見るのに適している

2つのデータの関係性を分析する

- **散布図**：縦軸と横軸に2つの要素をとり，各データを点で表す

正の相関　　　相関が弱い　　　負の相関

- **相関**：散布図から見ることができる2つの変数の関係性の強さ
- **相関係数**：−1.0〜1.0 の範囲で，絶対値が1に近ければ関係性が強い状態，0に近ければ関係性が弱い状態を表す

量的データの分析手法

- **平均値**：数値をすべて足し，数値の数で割った値
- **中央値**：大きさ順に並べたときに中央に位置するデータの値
- **最頻値**：最も出現回数が多い値
- **分散**：データの散らばり度合いを表す値
- **標準偏差**：データの散らばり度合いを表す値。分散の正の平方根
- **四分位数**：データの個数を四等分した場合の，25%の区切り値を第1四分位数，50%を第2四分位数（中央値），75%の区切りの値を第3四分位数という。箱ひげ図はこれを視覚的に表現したもの
- **回帰直線**：相関が認められる散布図で，分布にあてはまる直線。数式で表される

テキストデータの分析

テキストマイニング：文字情報の集まりを分析する方法

第4章　情報通信ネットワークとデータの活用　演習問題

Section 1　情報通信ネットワークの仕組みと役割

32　次の文章を読み，後の問い(問1〜9)に答えよ。

　　ヒカルさんたちの班では，身近なネットワークや情報セキュリティについての学習を深めるために，それぞれの家庭でのPCのインターネット接続について図1のように絵を描きながら説明をしている。

ヒカル：私の家では，機器(A)のWANポートと光回線の装置がケーブルでつながっていて，機器(A)のLANポートと私のPCがケーブルでつながっていたよ。

チヒロ：私の家では，Wi-Fiを使って接続しているよ。機器(B)のWANポートと光回線の装置がケーブルでつながっていて，LANポートにはケーブルはつながっていなかったよ。

イツキ：私の家に古いPCはあるけど，インターネットの回線がないから，ネット上のサイトを見るときはスマートフォンを利用しているよ。

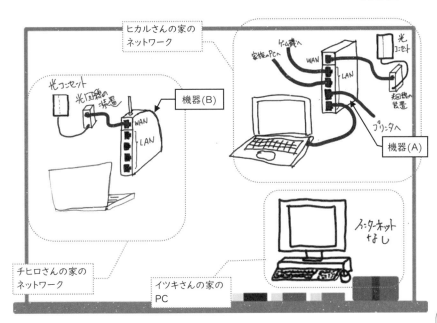

図1　3人が絵を描いたホワイトボード

問1　会話文中の機器(A)について，その名称と主な役割として最も適当なものを，それぞれの解答群のうちから一つずつ選べ。

機器(A)の名称　　ア

┌─── ア の解答群 ───
⓪　ハードディスク　　　　① UPS
②　ルータ　　　　　　　　③ モデム
└─────────────

機器(A)の主な役割　| イ |

--- | イ | の解答群 ---

⓪　テレビ番組を録画する。

①　アナログ信号とディジタル信号を変換する。

②　ネットワークとネットワークを接続する。

③　電子メールを配信する。

問2　チヒロさんの家の機器(B)には，図2のようなカードが付属していた。この
カードに書かれている情報の説明として最も適当なものを，後の⓪～③のう
ちから一つ選べ。　| ウ |

```
SSID：AP0013506

Key：4i6fd5k91nxr4
```

図2　機器(B)に付属していたカード

⓪　機器(B)をプロバイダに接続するための情報である。

①　機器(B)が初期設定の状態にある場合，PCをLANケーブルで機器(B)に
接続するときに必要となる情報である。

②　機器(B)が初期設定の状態にある場合，PCをWi-Fiで機器(B)に接続する
ときに必要となる情報である。

③　機器(B)が故障した場合，修理を依頼する際に必要となる製品番号である。

問3　機器(B)でできるセキュリティ対策として適当なものを，次の ⓪〜③ のうちから二つ選べ。ただし，解答の順序は問わない。　エ　・　オ

⓪　機器(B)の機能を設定するために管理者としてログインするときに必要となるパスワードを，初期設定のものから別の推測されにくいものに変更する。

①　Wi-Fi に接続するためのパスワードの長さを，より短いものに変更する。

②　機器(B)の電波が届く場所を広げるために，中継機器を新たに設置する。

③　Wi-Fi を利用する際，より強い暗号化のプロトコルを設定する。

問4　イツキさんは，チヒロさんやヒカルさんの家のネットワークを参考に，自分の家にも PC をインターネットに接続する環境を導入したいと考えた。以下は，イツキさんが考えたことである。下線部 ⓪〜③ のうち**誤っている考え**を一つ選べ。　カ

> **イツキさんの考えたこと**
>
> 　インターネットの回線は，ヒカルさんたちみたいに光回線にしたいな。今度，学校で詳しく聞いてみよう。
>
> 　あと，毎月，スマートフォンのデータ通信量が契約限度ぎりぎりだから，チヒロさんの家のような環境なら，家では⓪携帯電話会社の通信量を減らすことができるかな。
>
> 　これまで家の PC では，①ファイルのやり取りは USB フラッシュメモリのみだったから，ウィルス感染の可能性はなかったけれど，インターネットに接続するようになると②ウィルス対策ソフトは必要ね。あれ？そういえば，家の PC は結構古いから，③サポート切れの OS だったら，サポートされている OS にアップグレードするか，PC によっては新しく買い換える必要がありそうね。

第4章

問5　チヒロさんは，ヒカルさんの家で一緒にネットワークや情報セキュリティの学習を行うため，自分の PC を持っていった。ヒカルさんの家は Wi-Fi を設置していなかったが，Wi-Fi のネットワークを確認したところ，図3のような一覧が表示された。

チヒロさんは，一覧の中にある簡単に接続できそうなネットワーク「MyFree_WiFi」に接続しようとしたところ，ヒカルさんから「見慣れないネットワークでもあり，セキュリティ上，このネットワークには接続しない方がよい」とアドバイスを受けた。ヒカルさんのアドバイスの理由として最も適当なものを，次の ⓪〜③ のうちから一つ選べ。
　キ

図3　Wi-Fi ネットワークの一覧と
アイコンの説明

⓪　「MyFree_WiFi」は電波状況があまり良くないので，通信速度が遅くなることにより第三者に盗聴されやすくなるから。

①　「MyFree_WiFi」は暗号化された https で通信することができないから。

②　「MyFree_WiFi」は通信内容が盗聴される危険性が高いから。

③　「MyFree_WiFi」は多くの人が利用することで回線が混雑し，暗号化された情報がうまく復元されなくなる可能性があるから。

問6　ヒカルさんは，チヒロさんが持ってきた PC を LAN ケーブルでインターネットに接続しようと考えたが，機器(A)はすべてのポートが使われていた。そこで，機器(A)に接続されている機器は引き続き使えるように，新たにハブを用いてチヒロさんもインターネットに接続できるようにしようと考えた。現在のヒカルさんの家のインターネット接続の状態（図4）から，ハブを機器(A)の**あ～お**のいずれかのポートに接続して，チヒロさんの PC とハブを接続するとき，接続可能なポートをすべて選んだ組合せを，後の解答群のうちから一つ選べ。ただし，ヒカルさんの家では，プロバイダへの接続機能は機器(A)が担っているものとする。　ク

　また，このときチヒロさんの PC に接続する LAN ケーブルも含め，新たに LAN ケーブルは最低何本必要か，数字をマークせよ。　ケ

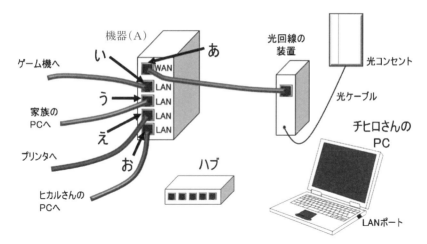

図4　ヒカルさんの家のインターネット接続の状態

ク　の解答群

⓪　あ

①　い・え

②　う・お

③　い・う・え・お

④　あ・い・う・え・お

問7 チヒロさんは，情報セキュリティの学習の中で，パスワードを不正に取得する手段としてブルートフォース（総当たり）攻撃という方法があることを知った。あるコンピュータでこの方法を用いると，0から9までの数字のみで作成された4文字のパスワードが，最長1秒で解析されるという。英数字や記号など，全部で40種類の文字を用いて4文字のパスワードを作成したとき，このコンピュータでこの方法を用いると，最長どのくらいの時間で解析されると考えられるか。最も適当なものを，次の⓪～⑤のうちから一つ選べ。 | コ |

- ⓪ 4秒
- ① 16秒
- ② 1分21秒
- ③ 2分8秒
- ④ 4分16秒
- ⑤ 12分9秒

問8 問7のブルートフォース攻撃を防ぐために，どのような対策が有効であると考えられるか。適当なものを，次の⓪～③のうちから二つ選べ。ただし，解答の順序は問わない。 | サ |・| シ |

- ⓪ サーバの主記憶装置の容量を増やす。
- ① ユーザに対して，1か月に1回パスワード変更を促す。
- ② 一定回数ログインに失敗した場合，ログイン不可能になる設定をする。
- ③ ログイン時に，あらかじめ登録している携帯電話に一定時間有効なパスワードを送信し，それを入力するような仕組みを導入する。

問9 ヒカルさんたちは，学習を進めていく中で，情報セキュリティには機密性，完全性，可用性の三つの要素が重要であることが分かった。そこで，この三つの要素について調べ，さらにそれらに対して自分たちができる身近な対応策を考え，次の表1のようにまとめることにした。表1の**あ**～**う**に当てはまるA～Cの対応策の組合せとして最も適当なものを，後の⓪～⑤のうちから一つ選べ。 | ス |

表1　機密性，完全性，可用性の定義と対応策

	機密性	完全性	可用性
定　義	許可された者だけが情報にアクセスできるようにすること	保有する情報が正確であり，完全である状態を保持すること	必要なときにいつでも情報にアクセスできるようにすること
対応策	あ	い	う

対応策

A　自分のデータを PC とクラウドに保存しておく。

B　重要な情報が記録されているファイルにパスワードを設定する。

C　友人とデータを共有する場合は，いつ誰がデータにアクセスしたのか把握できるように操作履歴を残し，変更された箇所とその変更内容を分かるようにする。

⓪　あ-A　い-B　う-C　　　①　あ-A　い-C　う-B

②　あ-B　い-A　う-C　　　③　あ-B　い-C　う-A

④　あ-C　い-A　う-B　　　⑤　あ-C　い-B　う-A

〔2022 年 11 月公表 試作問題「旧情報」第 4 問〕

第4章

33 次の文章の空欄 ア ・ イ に入れるのに最も適当なものを，後の解答群のうちから一つずつ選べ。

　情報通信ネットワークの通信方式に関して，回線交換方式とパケット交換方式を比較する。回線交換方式は，従来の固定電話でも用いられていた通信方式で，通信する2点間で接続を確立し，送受信するデータの有無にかかわらず，回線を占有する。一方，パケット交換方式は，インターネットなどで使用されている通信方式で，データをパケットと呼ばれる小さな単位に分割して，一つの回線に異なる宛先のパケットが混在してもよい形で通信を行う。 ア は回線交換方式のメリット， イ はパケット交換方式のメリットと言える。

―― ア ・ イ の解答群 ――
⓪ 安全な通信ができる仕組みであるため，暗号化が不要であること
① 通信中は回線を占有できるため，時間あたりに通信できるデータ量が安定すること
② 距離にかかわらず，遅延の少ない通信ができること
③ 回線を効率的に利用して，回線数より多くのユーザが同時に通信できること
④ 必ず接続が確立できること

〔2022年度 本試験「情報関係基礎」第1問 問2 b〕

34 次の記述の空欄 **アイ** に当てはまる数字をマークせよ。また，空欄 **ウ** に入れるのに最も適当なものを，下の解答群のうちから一つ選べ。

インターネットでは，接続する機器を **アイ** ビットの IP アドレスで特定するプロトコルを使ってきた。しかし，このアドレスの個数が足りなくなったこともあり，128 ビットの IP アドレスを使用する **ウ** というプロトコルも使われるようになった。

────── **ウ** の解答群 ──────
⓪ HTTP　　　① IPv6　　　② TCP　　　③ UDP

〔2021 年度 第 1 日程「情報関係基礎」第 1 問 問 1 c〕

35 次の記述の空欄 **ア** に入れるのに最も適当なものを，下の解答群のうちから一つ選べ。

日記などのファイルが保存されたハードディスクの故障に備えて，自分でファイルのバックアップをとることにした。このときのバックアップのとり方としてより安全なものは，**ア** バックアップをとることである。

────── **ア** の解答群 ──────
⓪ ファイルが保存されているフォルダと同じフォルダに
① ファイルの拡張子を削除してから
② このハードディスクとは別の記憶媒体に
③ 主記憶装置に
④ このハードディスクに作った新しいフォルダに
⑤ 著作権が消滅してから

〔2021 年度 第 1 日程「情報関係基礎」第 1 問 問 2 b〕

第4章

36　　次の会話は，知らない人からジョンさんに届いた，宝くじに関するメールについてのジョンさんと太郎さんのやり取りである。これを読み，空欄 ア ～ キ に入れるのに最も適当なものを，次ページのそれぞれの解答群のうちから一つずつ選べ。

ジョン：知らない人から，お金を振り込んだら宝くじの当せん番号を教えるってメールが届いているんだよね。太郎にも当せん番号を教えるから，半分お金を出さない？

太　郎：えっ，宝くじの当せん番号が事前にわかるの？

ジョン：最初，宝くじの6等の当せん番号を予言する，っていうメールが届いたんだよね。6等の当せん番号として「7」が予言してあって，本当に当たってたんだよ。宝くじの番号の末尾の桁があっていると，6等が当たりなんだ。

太　郎：宝くじの番号って，100000から199999までの数字6桁の番号だよね。ということは，6等の当せん番号を受け取る人が必ず一人いるようにするには，予言メールを最低限 ア 人に送っていればいいよね。

ジョン：そうだけど，昨日届いたメールには，今日抽せんの宝くじの5等の予言として「84」が書かれていて，それも当たってたんだよ。5等は下2桁が一致していなければならないんだ。

太　郎：これも，5等の当せん番号を受け取る人が必ず一人いるようにするには，最低限 イ 人に送っていればいいよね。

ジョン：でも，前回の6等と今回の5等が連続で当たったんだよ。本物の予言に違いないよ。

太　郎：予言が連続で当たるのは確かにすごく思えるけど，6等の予言メールを少なくとも ウ 人に送って，その中で6等の当せん番号を送った人にだけ5等の当せん番号の予言メールを送っていれば，2回とも当せん番号を受け取った人が一人いるようにできるよね。その一人が，たまたまジョンだったんじゃないかな。

ジョン：そんなにたくさんのメールを送るなんて大変じゃない？

太　郎：きっと，プログラムで自動的に送っているんだよ。

ジョン：そうなんだ。だまされてお金を払うところだった・・・。

太　郎：そもそも，知らない人から届いたメールを簡単に信じてはいけない
　　　　よ。この種類の勝手に送りつけられるメールを，迷惑メールというん
　　　　だ。

ジョン：本当に迷惑だなぁ。迷惑メールの被害を防ぐ方法はないの？

太　郎：有害なサイトへのアクセスを制限するのに利用されている　エ　っ
　　　　てあるよね。電子メールでも　エ　があって，それで被害を減らすこ
　　　　とはできるけど，完全に防げるわけではないんだ。

ジョン：そうなんだ。知らない人から届いたメールには気を付けるよ。

太　郎：知っている人から届いたように見えても，まったくの他人がジョンの
　　　　知っている人になりすまして送っている可能性もあるよ。　オ　暗号
　　　　方式を応用した　カ　がメールに付いていれば，送信者が本人である
　　　　ことを受信者が確認したり，メール転送の途中で内容が　キ　されて
　　　　いないことも確認したりできるんだ。

　　　　ア　～　ウ　の解答群

⓪　1　　　　　①　8　　　　　②　10　　　　　③　16

④　100　　　　⑤　128　　　　⑥　512　　　　⑦　1000

　　　　エ　の解答群

⓪　キャッシュ　　　①　フィルタリング　　　②　ストリーミング

③　フィッシング　　④　多重化　　　　　　　⑤　圧　縮

　　　　オ　～　キ　の解答群

⓪　印　刷　　　　①　複　製　　　　②　改ざん

③　盗　聴　　　　④　公開鍵　　　　⑤　秘密鍵

⑥　共通鍵　　　　⑦　シーザー　　　⑧　ディジタル署名

⑨　QR コード　　　ⓐ　電子タグ　　　ⓑ　パリティビット

〔2021 年度 第 1 日程「情報関係基礎」第 1 問 問 3〕

第4章

37 次の文章を読み，空欄 ア ～ ウ に入れるのに最も適当なものを，後の解答群のうちから一つずつ選べ。

　　Webページの記述には，ア という言語を用い，タグを使ってリンクを設定することができる。Webブラウザは，リンクがクリックまたはタップされると，タグに記述された イ が指し示しているデータを要求する。Webサーバに要求する際のデータ転送には，主に ウ というプロトコルが使われる。

─── ア ～ ウ の解答群 ───
⓪ DTM　　　① POP 3　　　② HDMI　　　③ HTML
④ HTTP　　　⑤ SMTP　　　⑥ URL　　　⑦ VPN

〔2022年度 追試験「情報関係基礎」第1問 問1 b〕

38　　次の会話を読み，空欄　ア　～　エオカ　に当てはまる数字をマークせよ。また，空欄　キ　～　コ　に入れるのに最も適当なものを，後の解答群のうちから一つずつ選べ。

後輩：先輩こんにちは。その画面（図1）何ですか？

先輩：ああ，これは大事な情報を守ってくれるアプリの画面で，パターンでロックを解除できるんだよ。

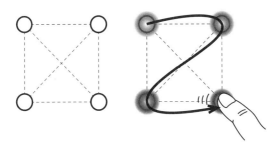

図1　パターンによるロック解除の画面と操作イメージ

後輩：点と点を一筆書きみたいになぞるやつですか。

先輩：そう，このアプリの場合，四隅すべての点を好きな順路でなぞるタイプなんだけど，一度通った点には戻れないんだ。

後輩：なんかすぐ破られそうですね。

先輩：左上の点から始めたらパターンは何通りあると思う？

後輩：え～っと，　ア　通りですよね。

先輩：そう。あとは始める点はどこからでもいいので…。

後輩：なるほど，そうやってすべてのパターンを求めると　イウ　通りってことになりますね。一度通った点に戻れるとしたら，パターンまた増えそう。

先輩：一度通った点に戻ってもよいルールで，今いる点から他の点へと3回動いて延べ4点を通るなぞり書きをするとしたら　エオカ　通りだね。本格的なものだと画面上の点の数や結ばなければならない点の数が増やせるから，パターンは膨大になるけど。

後輩：それはそれで覚えるの大変そうだなぁ。僕は顔認証の方がいいです。

先輩：ちなみにセキュリティを強化するためには，異なる種類の認証方法を組み合わせることが有効だよ。

後輩：それってどういうことですか？

先輩：ネットのサービスを使うとき，パスワードだけじゃなくて，携帯電話番号に送られてくる確認コードの入力が必要になることあるでしょ？

後輩：確かに！そんなことあります。

先輩：パスワードを知っているだけでは十分じゃなくて，登録した電話番号の携帯電話で確認コードを受け取り，その携帯電話を持っていることが証明できて初めてアクセスが許可されるので，高いセキュリティが実現できるわけだね。そうやって組み合わせる場合，　キ　など本人しか知らない情報を用いる「知識認証」，　ク　など本人しか持っていないものを用いる「所有物認証」，本人の　ケ　といった身体の特徴を用いる「生体認証」という3種類の異なる認証方法から二つ以上組み合わせて用いるようになっているよ。

後輩：なるほどぉ。で，たとえば？

先輩：たとえば，　コ　も異なる種類の認証方法の組合せと考えられるよ。でも，組み合わせたからといって，きちんと運用しなければセキュリティは保たれないことは肝に銘じておきたいね。

───　キ　～　ケ　の解答群 ───

⓪　指　紋　　　　　① 公開鍵　　　　　② SSID

③　SSL　　　　　　④ パリティ　　　　⑤ パスワード

⑥　WPA　　　　　　⑦ 携帯電話

───　コ　の解答群 ───

⓪　パスワードと暗証番号

①　暗証番号と静脈認証

②　静脈認証と顔認証

③　パスワードと生年月日

〔2022年度 追試験「情報関係基礎」第1問 問3〕

39 情報セキュリティについて，次の問いa・bに答えよ。

a　ファイアウォールを設置することでセキュリティが高まる。その理由として最も適当なものを，次の⓪～③のうちから一つ選べ。　　ア

　⓪　すべての通信をファイアウォールが暗号化するため。
　①　ルールに合わない通信をファイアウォールが遮断するため。
　②　定期的にウイルス検査をファイアウォールが行うため。
　③　サーバのセキュリティホールをファイアウォールが修正するため。

b　公開鍵暗号技術は共通鍵暗号技術に比べて，いくつかの利点がある。それに関して適切な説明となっているものを，次の⓪～④のうちから二つ選べ。ただし，解答の順序は問わない。　　イ　・　ウ

　⓪　アルゴリズムが公開されているため，必要なプログラムの開発期間を短縮でき，また機能追加も容易である。
　①　秘密鍵の受け渡しを安全に行う限り，簡単には解読されない。
　②　暗号化に用いた鍵が誰かの手に渡っても，その鍵では復号できない。
　③　暗号化した文書をやり取りする相手と，秘密鍵の受け渡しをする必要がない。
　④　暗号化と復号に同一の鍵を用いるので管理すべき鍵の個数が少なく，送信者と受信者の間での鍵交換のための通信を少なくすることができる。

〔2021年度　第2日程「情報関係基礎」第1問　問2〕

第4章

▶ Section 2 ▶ 情報システムとデータの管理

40 データベースの説明に関して，<u>間違っているもの</u>を次の(A)～(D)より選択して下さい。ただし，適切な選択肢がない場合は(E)を選択して下さい。

(A) リレーショナルデータベースは，関係データベースや RDB ともいわれる。

(B) データベースの利用例には，コンビニエンスストアにおける商品管理などが挙げられる。

(C) データベースでは，1件のデータ集合（行）をレコードという。

(D) Excel はデータベースを管理するソフトウェアである。

(E) その他

〔中央学院大学 2022年度 一般1期B日程2/1 Ⅱ 問17〕

41 情報システムの説明に関して，<u>間違っているもの</u>を次の(A)～(D)より選択して下さい。ただし，適切な選択肢がない場合は(E)を選択して下さい。

(A) 情報システムセキュリティで求められる要素には大きく，機密性，安全性，可用性がある。

(B) 情報システムの利用例には，ネットショッピング，検索システムなどが挙げられる。

(C) 情報システム同士をネットワークで接続することにより，より利便性を向上させることが可能である。

(D) POS システムとは，商品売上や在庫管理などに利用されるシステムのことである。

(E) その他

〔中央学院大学 2022年度 一般1期B日程2/1 Ⅱ 問19〕

42 情報社会とシステムについて，<u>間違っているもの</u>を選択して下さい。

(A) POS システムは，売り上げなどの販売管理を行うシステムである。

(B) クーリング・オフ制度は，消費者を保護するための仕組みである。

(C) 災害や故障に対応するための一つの手段として多重化が挙げられる。

(D) 得られる情報の質や量などの格差のことをユニバーサルデザインと呼ぶ。

〔中央学院大学 2021年度 一般1期B日程2/4 問題Ⅱ (19)〕

▶ Section 3 ▶ データの収集・整理・分析

43 次の文章を読み，後の問い(**問 1 ～ 3**)に答えよ。

┌───┐
│ **使用する表計算ソフトウェアの説明は，147ページに記載されている。** │
└───┘

　Nさんは，分析が趣味である。ある競技を観戦し，興味をもったので結果を集計し分析することにした。この競技の試合は，1 人対 1 人で行われ，攻撃の順番を決め交互に攻撃を行い，得点を競う形式である。勝敗は，得点の多い者が勝者，少ない者が敗者となり，両者の得点が等しい場合は引き分けとなる。それぞれの試合で，先に攻撃を行うことを先攻，後に行うことを後攻という。

　この競技を 4 人で競い合っている。各選手は他 3 人の選手と 50 試合(先攻 25 試合，後攻 25 試合)ずつ合計 150 試合，全体では 300 試合を行い，勝率により順位を決定する。勝率は，引き分けを除いた試合数で勝ち数を割って計算する。

問 1 次の文章を読み，空欄 ┃ **ア** ┃ ～ ┃ **キ** ┃ に入れるのに最も適当なものを，後の解答群のうちから一つずつ選べ。

　全 300 試合中 24 試合が終了したところで，Nさんはシート 1 **試合結果**を作成した。列 **A** に試合番号，列 **B** に先攻選手の名前，列 **C** に後攻選手の名前，列 **D** に先攻選手の得点，列 **E** に後攻選手の得点を入力する形式とした。

　また，各試合の勝者がわかるようにするために，列 **F** に勝者を表示する欄を追加した。結果が引き分けの場合は「−」と表示することにし，セル **F2** に計算式 **IF(D2=E2,"−",IF(┃ ア ┃ ,B2,C2))** を入力し，セル範囲 **F3～F25** に複写した。列 **G** には敗者を表示する欄を追加し，セル **G2** に適切な計算式を入力し，セル範囲 **G3～G25** に複写した。

シート 1　**試合結果**

	A	B	C	D	E	F	G
1	試合番号	先攻選手	後攻選手	先攻得点	後攻得点	勝者	敗者
2	1	渡辺	東	4	3	渡辺	東
3	2	斉藤	三田	3	1	斉藤	三田
4	3	東	斉藤	3	5	斉藤	東
5	4	三田	渡辺	2	3	渡辺	三田
24	23	斉藤	渡辺	2	2	−	−
25	24	三田	東	1	3	東	三田

第4章

　次に，各選手の勝敗を分析するために，シート2**勝敗集計**を作成した。1行目には選手名を入力した。2行目には各選手が戦った試合数を表示することにし，セルB2に計算式COUNTIF(試合結果! イ , ウ)を入力し，セル範囲C2～E2に複写した。また，3行目には各選手が勝った試合数を表示することにし，セルB3に計算式COUNTIF(試合結果! エ , ウ)を入力し，セル範囲C3～E3に複写した。4行目には負けた試合数を，5行目には引き分けの試合数を表示するために適切な計算式を入力した。6行目には勝率を表示することにした。勝率は引き分けを除いた試合数で勝ち数を割って計算するが，全試合引き分けの選手はいなかったため，セルB6に計算式B3/(B2- オ)を入力し，セル範囲C6～E6に複写した。7行目には勝率にもとづいて順位を表示するために，セルB7に計算式RANK(カ , キ)を入力し，セル範囲C7～E7に複写した。

シート2　**勝敗集計**

	A	B	C	D	E
1	選手	渡辺	東	斉藤	三田
2	試合数	12	12	12	12
3	勝ち数	4	6	6	3
4	負け数	6	2	4	7
5	引き分け	2	4	2	2
6	勝率	0.4	0.75	0.6	0.3
7	順位	3	1	2	4

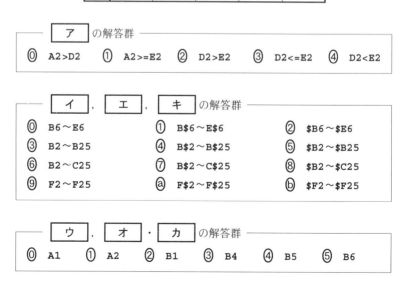

ア の解答群

⓪　A2>D2　　①　A2>=E2　　②　D2>E2　　③　D2<=E2　　④　D2<E2

イ ， エ ， キ の解答群

⓪　B6～E6　　　　①　B$6～E$6　　　②　$B6～$E6
③　B2～B25　　　④　B$2～B$25　　⑤　$B2～$B25
⑥　B2～C25　　　⑦　B$2～C$25　　⑧　$B2～$C25
⑨　F2～F25　　　ⓐ　F$2～F$25　　　ⓑ　$F2～$F25

ウ ， オ ・ カ の解答群

⓪　A1　　①　A2　　②　B1　　③　B4　　④　B5　　⑤　B6

問 2　次の文章を読み，空欄　ク　～　コ　に当てはまる数字をマークせよ。また，空欄　サ　～　ソ　に入れるのに最も適当なものを，後の解答群のうちから一つずつ選べ。ただし，空欄　セ　・　ソ　の解答の順序は問わない。

　試合が行われるたびに，Nさんは試合結果をシート1に追記した。集計するうちに，Nさんは対戦相手や先攻後攻の違いにより試合結果に傾向があるのではないかと考えた。そこで，対戦相手や先攻後攻別の傾向を見るため，シート1を拡張してシート3 **対戦別集計**を作成することにした。
　シート3のセル範囲 **H1～S1** には先攻選手の名前，セル範囲 **H2～S2** には後攻選手の名前を入力し，すべての対戦の組合せを用意した。セル範囲 **H3～S250** には，先攻が勝った場合は2を，後攻が勝った場合は1を，引き分けの場合は0を，それ以外は「−」を表示する。例えば，3行目の試合番号1は先攻「渡辺」，後攻「東」で，渡辺選手が勝ったため，セル **H3** は2となり，セル範囲 **I3～S3** は「−」となる。そのために，セル **H3** に次の計算式を入力し，セル範囲 **H4～H250** とセル範囲 **I3～S250** に複写した。

```
IF(AND($B3=H$1,$C3=H$2),
    IF(H$1=$F3, ク ,IF(H$1=$G3, ケ , コ )),"−")
```

シート3　対戦別集計

	A	B	C	D	E	F	G	H	I	J	R	S
1								渡辺	渡辺	渡辺	三田	三田
2	試合番号	先攻選手	後攻選手	先攻得点	後攻得点	勝者	敗者	東	斉藤	三田	東	斉藤
3	1	渡辺	東	4	3	渡辺	東	2	−			−
4	2	斉藤	三田	3	1	斉藤	三田	−	−			−
5	3	東	斉藤	3	5	斉藤	東	−	−			−
6	4	三田	渡辺	2	3	渡辺	三田	−	−			−
7	5	渡辺	斉藤	2	4	斉藤	渡辺	−	1			−
8	6	東	三田	3	3	−		−	−			−
9	7	東	渡辺	3	1	東	渡辺	−	−			−
10	8	三田	斉藤	1	0	三田	斉藤	−	−			2
249	247	東	渡辺	1	4	渡辺	東	−	−			−
250	248	三田	斉藤	1	1	−		−	−			0

　次に，各選手の先攻後攻別の結果を表示するシート4 **先攻後攻別集計**を作成した。シート4のセル範囲 **B1～M2** にシート3のセル範囲 **H1～S2** を複写した。シート4の3行目には実施した試合のうち先攻が勝った割合を表示するために，セル **B3** に次の計算式を入力し，セル範囲 **C3～M3** に複写した。

　　サ　(対戦別集計!H3～H250,2)/　シ　(対戦別集計!H3～H250)

　また，シート4の4行目には引き分けた割合を，5行目には後攻が勝った割合を表示するため，同様に適切な計算式を入力した。次に，6行目には先攻の平均得点を表示する。そこで，シート3のセル範囲H3〜H250のうち対戦したことを示す0以上の数値のセルを取り出して集計するため，セルB6に次の計算式を入力し，セル範囲C6〜M6まで複写した。

　　　AVGIF(対戦別集計!H3〜H250,">=0",対戦別集計! ス)

　7行目には後攻の平均得点を表示するため，同様に計算式を入力した。また，列Nに全体における勝敗割合や平均得点を表示するために，適切な計算式を入力した。各数値は，適切な位で四捨五入して表示した。

シート4　先攻後攻別集計

	A	B	C	D	E	K	L	M	N
1	先攻選手	渡辺	渡辺	渡辺	東	三田	三田	三田	全体
2	後攻選手	東	斉藤	三田	渡辺	渡辺	東	斉藤	
3	先攻勝ち割合	0.429	0.476	0.600	0.619	0.429	0.350	0.286	0.456
4	引き分け割合	0.238	0.190	0.200	0.095	0.190	0.250	0.143	0.210
5	後攻勝ち割合	0.333	0.333	0.200	0.286	0.381	0.400	0.571	0.335
6	先攻の平均得点	2.38	2.38	2.40	2.57	2.33	2.00	1.86	2.29
7	後攻の平均得点	1.81	1.90	1.75	2.19	2.24	2.25	2.33	2.12

　シート4を見て，Nさんは渡辺選手と東選手の試合結果に興味をもった。東選手が先攻のときに渡辺選手に勝つ割合は6割を超えており，先攻が勝つ割合全体と比較してもずいぶん高いことがわかった。渡辺選手と東選手の対戦では，セル セ とセル ソ から，東選手は後攻のときよりも先攻のときの得点が高く，今後もこの傾向が続くかに注目して，観戦することにした。

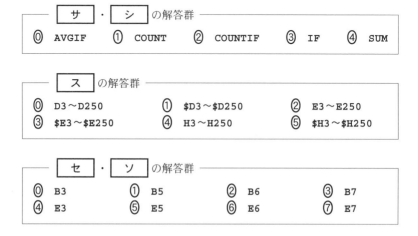

　　サ ・ シ の解答群
⓪ AVGIF　① COUNT　② COUNTIF　③ IF　④ SUM

　　ス の解答群
⓪ D3〜D250　　① $D3〜$D250　　② E3〜E250
③ $E3〜$E250　　④ H3〜H250　　⑤ $H3〜$H250

　　セ ・ ソ の解答群
⓪ B3　　① B5　　② B6　　③ B7
④ E3　　⑤ E5　　⑥ E6　　⑦ E7

問 3 次の文章を読み，空欄 　タ　 ～ 　ナ　 に入れるのに最も適当なものを，後の解答群のうちから一つずつ選べ。ただし，空欄 　ト　・　ナ　 の解答の順序は問わない。

　　残り試合数が少なくなり，Nさんは，現在順位1位の渡辺選手が，残り試合のうち何勝すれば最終的に1位になるかを調べることにした。ただし，引き分けを含めた分析は複雑なので，引き分けを考えずに分析を進めた。シート2を拡張してシート5**勝率一覧**を作成し，残り試合中の勝ち数により各選手の勝率がどのように変化するかを表示した。

シート5　**勝率一覧**

	A	B	C	D	E	F
1		選手	渡辺	東	斉藤	三田
2		試合数	140	137	141	142
3		勝ち数	69	61	63	33
4		負け数	45	49	54	78
5		引き分け	26	27	24	31
6		勝率	0.605	0.555	0.538	0.297
7		順位	1	2	3	4
8		残り試合数	10	13	9	8
9		対渡辺残	0	5	3	2
10		対東残	5	0	4	4
11		対斉藤残	3	4	0	2
12		対三田残	2	4	2	0
13	残り試合中の勝ち数	0	0.556	0.496	0.500	0.277
14		1	0.565	0.504	0.508	0.286
15		2	0.573	0.512	0.516	0.294
16		3	0.581	0.520	0.524	0.303
17		4	0.589	0.528	0.532	0.311
18		5	0.597	0.537	0.540	0.319
19		6	0.605	0.545	0.548	0.328
20		7	0.613	0.553	0.556	0.336
21		8	0.621	0.561	0.563	0.345
22		9	0.629	0.569	0.571	*
23		10	0.637	0.577	*	*
24		11	*	0.585	*	*
25		12	*	0.593	*	*
26		13	*	0.602	*	*
27		最高勝率	0.637	0.602	0.571	0.345
28		渡辺上位		6	2	—

　　まず，8行目には各選手の残り試合数を表示した。9行目から12行目には各選手の他選手との残り試合数を表示した。例えば，セルC10は，渡辺選手と東選手との試合があと5試合残っていることを表す。また，セル範囲B13～B26は，残り試合中の勝ち数を表す。セル範囲C13～F26には，セル範囲B13～B26に対応させ，各選手の現在までの勝ち数と残り試合での勝ち数を合計した場合の勝率を表示した。例えば，セルC13は渡辺選手が残り試合

を0勝10敗とした場合の勝率となる。また，残り試合数を超えている場合には「＊」を表示する。そのために，セル C13 に次の計算式を入力し，セル範囲 C14〜C26 とセル範囲 D13〜F26 に複写した。

$$\text{IF(C\$8<}\quad\boxed{タ}\quad,"*",\text{(C\$3+}\quad\boxed{タ}\quad\text{)/(C\$3+C\$4+}\quad\boxed{チ}\quad\text{))}$$

　27 行目には各選手が残り試合をすべて勝った場合の勝率を最高勝率として表示した。他選手の最高勝率を，渡辺選手の勝率が上回れば渡辺選手は確実に1位となる。28 行目には，他選手の最高勝率を上回るために，渡辺選手が必要な勝ち数を表示する。ただし，渡辺選手が残り試合をすべて負けても，渡辺選手の勝率が上回る場合には「−」を表示する。ここで，検索条件として比較演算記号とセル番地を使用する場合には文字列として連結する必要があるので，"<="&D27 と指定する。これらより，セル D28 に次の計算式を入力し，セル範囲 E28〜F28 に複写した。

$$\text{IF(D27<}\quad\boxed{ツ}\quad,"−",\text{COUNTIF(}\quad\boxed{テ}\quad,"<="\&\text{D27))}$$

　完成したシート5を見直すと，$\boxed{ト}$ ことや $\boxed{ナ}$ ことがわかった。N さんは，現状を把握でき，より関心をもって試合を観戦することができた。

───　$\boxed{タ}$ 〜 $\boxed{ツ}$ の解答群　───

⓪　B13　　①　B$13　　②　$B13　　③　C4　　④　C$4
⑤　$C4　　⑥　C5　　⑦　C$5　　⑧　C8　　⑨　C$8
ⓐ　$C8　　ⓑ　C13　　ⓒ　C$13　　ⓓ　$C13

───　$\boxed{テ}$ の解答群　───

⓪　B13〜B26　　　　①　B$13〜B$26　　　　②　$B13〜$B26
③　C13〜C26　　　　④　C$13〜C$26　　　　⑤　$C13〜$C26

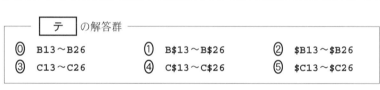

───　$\boxed{ト}$ ・ $\boxed{ナ}$ の解答群　───

⓪　渡辺選手は，残り試合をすべて負けると最下位になる
①　渡辺選手は，残り試合のうち6勝すると1位になることが確実である
②　東選手は，残り試合をすべて勝つと1位になる
③　斉藤選手は，残り試合をすべて勝っても東選手の勝率を絶対に上回れない
④　三田選手は，残り試合をすべて勝つと3位になる

【使用する表計算ソフトウェアの説明】

四則演算記号：加減乗除の記号として，それぞれ+，−，*，/を用いる。

比較演算記号：比較演算記号として=，≠，<，<=，>，>=を用いる。

文字列演算記号：文字列を連結する演算記号として&を用いる。例えば，シート成績でB2&"→"&D2 は"佐藤→60"を返す。

セル範囲：開始のセル番地〜終了のセル番地という形で指定する。

複写：セルやセル範囲の参照を含む計算式を複写した場合，相対的な位置関係を保つように，参照する列，行が変更される。ただし，計算式中のセル番地の列，行の文字や番号の前に記号$が付いている場合には，変更されない。

シート参照：別のシートのセルやセル範囲を参照するには，シート名と記号!に続けて指定する。例えば，**成績!B2** や **成績!C2〜E5** のように指定する。

シート　**成績**

	A	B	C	D	E
1	組	名前	国	数	英
2	ア	佐藤	40	60	30
3	ア	鈴木	60	50	50
4	イ	高橋	70	70	90
5	イ	伊藤	30	60	60

AND(条件式1,条件式2,…,条件式n)：**条件式1** から **条件式n** の値のすべてが真のとき，真を返す。それ以外のときは，偽を返す。

AVGIF(セル範囲1,検索条件,セル範囲2)：**セル範囲1** に含まれるセルのうち，**検索条件**を満たすセルに対応する**セル範囲2** 中の数値の平均値を返す。例えば，シート成績で AVGIF(A2〜A5,"ア",C2〜C5)は 50 を返す。また，シート成績で AVGIF(C2〜C5,">50",E2〜E5)は 70 を返す。なお，**セル範囲2** の列数と行数は**セル範囲1** と同じでなければならない。

COUNT(セル範囲)：**セル範囲**に含まれるセルのうち，数値のセルの個数を返す。

COUNTIF(セル範囲,検索条件)：**セル範囲**に含まれるセルのうち，**検索条件**を満たすセルの個数を返す。例えば，シート成績で COUNTIF(A2〜A5,"ア")は 2 を返す。また，シート成績で COUNTIF(D2〜D5,">=60")は 3 を返す。

IF(条件式,式1,式2)：**条件式**の値が真の場合は**式1** の値を返し，偽の場合は**式2** の値を返す。

RANK(式,セル範囲)：**セル範囲**に含まれる数値を降順に並べたときの，**式**の順位を返す。同じ値があれば同順位を返す。例えば，シート**成績**で RANK(D2,D2〜D5)は 2 を返す。

SUM(セル範囲)：**セル範囲**に含まれる数値の合計を返す。

〔2022 年度 本試験「情報関係基礎」第 4 問〕

第4章

44 次の文章を読み，下の問い(**問 1 ～ 3**)に答えよ。

> 使用する表計算ソフトウェアの説明は，154ページに記載されている。

　ある高等学校の文化祭の実行委員会では，高校生・中学生・小学生を対象に，満足度調査を毎年行っている。2020年度は，タブレット端末を使って，前年度までと同様の形式の満足度調査を行い，分析とともに人気企画を表彰することにした。

```
質問1  (回答者区分) 当てはまるところをタッチしてください。
       高校生    中学生    小学生

質問2  (満足度) 当てはまるところをタッチしてください。
       満足    やや満足    普通    やや不満    不満

質問3  (良かった企画) 1位，2位，3位をプルダウンメニューから選んでください。
       1位 [      ▼]    2位 [      ▼]    3位 [      ▼]
```

図1　満足度調査(タブレット端末画面)

問 1 次の文章を読み，空欄 | ア | ～ | カ | に入れるのに最も適当なものを，次ページのそれぞれの解答群のうちから一つずつ選べ。ただし， | ウ |・| エ | の解答の順序は問わない。

　2020年度の文化祭終了後，表計算ソフトウェアを使ってシート1**調査回答2020**を作成した。タブレット端末から全240人分の回答データを取り出し，列**A**に回答者区分，列**B**に満足度，列**C**～列**E**に良かった企画の1位～3位を表す形式にして，質問1から質問3の回答データを読み込んだ。

　すべての質問で未回答はなかったが，タブレット端末上では質問3の重複回答をチェックしていなかったため，同じ企画を重複して選んでいる回答者もいた。その場合は，順位が上位の回答を有効とし，重複した下位の回答は無効にする処理を行うことにした。

　まず，シート1の列**F**～列**H**に1位(済)～3位(済)の列を追加し，セル範囲**C2～C241**をセル範囲**F2～F241**に複写した。次に，1位と2位が同じ企画の場合は列**G**に「×」を表示し，異なる場合は2位の企画をそのまま表示することにした。そのために，セル**G2**に計算式IF(| ア | ,"×",D2)を入力し，セル範囲**G3～G241**に複写した。

　最後に，3位とほかの順位が同じ企画の場合は列**H**に「×」を表示し，異なる場合は3位の企画をそのまま表示することにした。そのために，セル**H2**に

計 算 式 IF(イ (ウ , エ),"×",E2) を 入 力 し, セ ル 範 囲 H3～H241 に複写した。これで分析用のデータが準備できた。

シート1 **調査回答2020**

	A	B	C	D	E	F	G	H
1	回答者区分	満足度	1位	2位	3位	1位(済)	2位(済)	3位(済)
2	小学生	不満	ライブ	VR体験	カフェ	ライブ	VR体験	カフェ
3	中学生	満足	カフェ	カフェ	カフェ	カフェ	×	×
240	高校生	普通	カフェ	ライブ	バザー	カフェ	ライブ	バザー
241	高校生	やや満足	VR体験	VR体験	バザー	VR体験	×	バザー

　最初の分析として, 過去の年度と2020年度の満足度を比較することにした。

　まず, シート2 **満足度別人数** を作成し, 直近3年分の満足度調査の集計結果をセル範囲 B2～D6 に複写した。列 E に2020年度の列を追加し, 各選択肢の回答者数を集計した。

　次に, 年度の合計人数に対する各選択肢の回答者数の割合を調べるために, シート3 **満足度別割合** を作成した。セル B2 に計算式 **満足度別人数!** オ / SUM(**満足度別人数!** カ)*100 を入力し, セル範囲 B3～B6 とセル範囲 C2～E6 に複写した。その結果から, 2020年度はほかの年度よりも「満足」「やや満足」の割合が小さく, 「やや不満」「不満」の割合が大きいことがわかった。

シート2 **満足度別人数**

	A	B	C	D	E
1		2017年度	2018年度	2019年度	2020年度
2	満足	18	24	28	34
3	やや満足	32	43	48	69
4	普通	8	11	14	44
5	やや不満	7	10	13	57
6	不満	1	2	8	36

シート3 **満足度別割合**

	A	B	C	D	E
1		2017年度	2018年度	2019年度	2020年度
2	満足	27.3	26.7	25.2	14.2
3	やや満足	48.5	47.8	43.2	28.8
4	普通	12.1	12.2	12.6	18.3
5	やや不満	10.6	11.1	11.7	23.8
6	不満	1.5	2.2	7.2	15.0

(小数第2位を四捨五入, 単位:%)

ア ～ エ の解答群

⓪ C2=D2　① C2≠D2　② C2=E2　③ C2≠E2

④ D2=E2　⑤ D2≠E2　⑥ AND　⑦ OR

オ ・ カ の解答群

⓪ B2　① B$2　② $B2　③ B2

④ B2～B6　⑤ B$2～B$6　⑥ $B2～$B6　⑦ B2～B6

問2 次の文章を読み，空欄 キ ～ サ に入れるのに最も適当なものを，次ページのそれぞれの解答群のうちから一つずつ選べ。ただし， ク ・ ケ の解答の順序は問わない。

実行委員会では，2020年度の満足度について，回答者区分ごとにさらに詳しく分析することにした。まず，回答者区分と満足度の組合せを調べるために，シート4チェック用を作成した。シート1のセル範囲A1～B241をシート4のセル範囲A2～B242に複写し，列C以降の1行目と2行目には回答者区分と満足度の選択肢をそれぞれ入力してすべての組合せを用意した。どの回答の組合せに該当するかを確認するために，例えば4行目の回答者区分が「中学生」，満足度が「満足」の場合は，セルH4に「1」，4行目のほかのセルには「0」を表示する。そのために，セルC3に次の計算式を入力し，セル範囲C4～C242とセル範囲D3～Q242に複写した。

IF(キ (ク , ケ),1,0)

シート4　チェック用

	A	B	C	D	E	F	G	H	Q
1			高校生	高校生	高校生	高校生	高校生	中学生	小学生
2	回答者区分	満足度	満足	やや満足	普通	やや不満	不満	満足	不満
3	小学生	不満	0	0	0	0	0	0	1
4	中学生	満足	0	0	0	0	0	1	0
241	高校生	普通	0	0	1	0	0	0	0
242	高校生	やや満足	0	1	0	0	0	0	0

次に，シート5集計結果を作成し，セルB2に計算式 コ (チェック用！C3～C242)を入力し，セル範囲C2～F2に複写した。同様に，中学生，小学生それぞれの満足度の人数を集計した。列Gおよび5行目に適切な計算式を入力して合計を計算し，シート5を完成させた。

シート5　集計結果

	A	B	C	D	E	F	G
1		満足	やや満足	普通	やや不満	不満	合計
2	高校生	17	46	12	17	10	102
3	中学生	9	14	17	20	13	73
4	小学生	8	9	15	20	13	65
5	合　計	34	69	44	57	36	240

　最後に，回答者区分ごとに満足度の回答の割合を求め，図2を作成した。例えば，図2のAの割合は 　**サ**　 。図2から，回答者区分によって満足度の割合に違いがあることがわかった。高校生は「やや満足」の割合が大きいが，小学生と中学生は「やや不満」の割合が大きい。来年度は，小学生や中学生も楽しめるような企画を検討することにした。

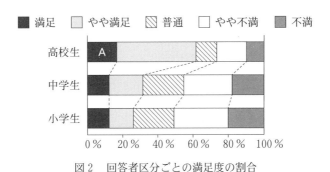

図2　回答者区分ごとの満足度の割合

──　**キ**　，　**コ**　の解答群 ─────

⓪ SUM　　　① AVG　　　② COUNT　　　③ COUNTA

④ MAX　　　⑤ AND　　　⑥ OR　　　　　⑦ IF

──　**ク**　・　**ケ**　の解答群 ─────

⓪ A3=C1　　① \$A3=C1　　② \$A3=C\$1　　③ \$A\$3=C\$1

④ B3=C2　　⑤ \$B3=\$C2　　⑥ \$B3=C\$2　　⑦ \$B\$3=C\$2

──　**サ**　の解答群 ─────

⓪ 「満足」と回答した高校生の人数を，シート5のセル **B5** で割ることにより求められる

① 「満足」と回答した高校生の人数を，シート5のセル **G2** で割ることにより求められる

② シート5のセル **B5** を，「満足」と回答した高校生の人数で割ることにより求められる

③ シート5のセル **G2** を，「満足」と回答した高校生の人数で割ることにより求められる

問3　次の文章を読み，空欄 | シ | ～ | ソ |， | チ |・| ツ |に入れるのに最も適当なものを，次ページのそれぞれの解答群のうちから一つずつ選べ。また，空欄 | タ |に当てはまる数字をマークせよ。

　人気があった企画を表彰するために，シート6順位人数を作成し，列Aに企画名を入力し，列B～列Dに各順位を選んだ回答者数，列Eに合計人数を求めることにした。セルB2に計算式COUNTIF(調査回答2020!F$2～F$241,| シ |)を入力し，セル範囲B3～B8とセル範囲C2～D8に複写した。列Eには適切な計算式を入力し，合計を計算した。

シート1　調査回答2020(再掲)

	A	B	C	D	E	F	G	H
1	回答者区分	満足度	1位	2位	3位	1位(済)	2位(済)	3位(済)
2	小学生	不満	ライブ	VR体験	カフェ	ライブ	VR体験	カフェ
3	中学生	満足	カフェ	カフェ	カフェ	カフェ	×	×
240	高校生	普通	カフェ	ライブ	バザー	カフェ	ライブ	バザー
241	高校生	やや満足	VR体験	VR体験	バザー	VR体験	×	バザー

シート6　順位人数

	A	B	C	D	E
1	企画	1位	2位	3位	合計人数
2	カフェ	47	48	52	147
3	たこ焼き	23	31	38	92
4	演劇	26	21	28	75
5	ライブ	43	27	15	85
6	古本市	7	18	16	41
7	バザー	18	31	31	80
8	VR体験	76	30	31	137

　シート6によると，1位の人数は「VR体験」が最も多いが，1位から3位までの合計人数を見ると「カフェ」の方がより多くの人に支持されているともいえる。そこで，実行委員会は人気得点として1位に30点，2位に20点，3位に10点を与え，それらの合計得点により順位を求めることにした。

　まず，シート7**得点表**を作成し，列Aに順位，列Bに各順位の得点を入力した。次に，シート8**順位得点**を作成し，列Aに企画名を入力した。

列 B～列 D に企画ごとの各順位の得点を求めるために，シート 8 のセル B2 に次の計算式を入力し，セル範囲 B3～B8 とセル範囲 C2～D8 に複写した。

順位人数！ | ス | *VLOOKUP(| セ | ,得点表！ | ソ | , | タ |)

シート 8 の列 E に適切な計算式を入力し，1 位～3 位の合計得点を求めた。次に，合計得点の順位を表示するために，セル F2 に計算式 RANK (| チ | , | ツ |) を入力し，セル範囲 F3～F8 に複写した。シート 8 の結果から，1 位の VR 体験，2 位のカフェ，3 位のライブを表彰した。

シート7　得点表

	A	B
1	順位	得点
2	1 位	30
3	2 位	20
4	3 位	10

シート8　順位得点

	A	B	C	D	E	F
1	企画	1 位	2 位	3 位	合計得点	順位
2	カフェ	1410	960	520	2890	2
3	たこ焼き	690	620	380	1690	4
4	演劇	780	420	280	1480	5
5	ライブ	1290	540	150	1980	3
6	古本市	210	360	160	730	7
7	バザー	540	620	310	1470	6
8	VR 体験	2280	600	310	3190	1

--- | シ | ～ | セ | の解答群 ---

⓪ A2　　① A\$2　　② \$A2　　③ \$A\$2

④ B1　　⑤ B\$1　　⑥ \$B1　　⑦ \$B\$1

⑧ B2　　⑨ B\$2　　ⓐ \$B2　　ⓑ \$B\$2

--- | ソ | の解答群 ---

⓪ A2～B4　　① A\$2～B\$4　　② \$A2～\$B4　　③ \$A\$2～\$B\$4

④ B1～B4　　⑤ B\$1～B\$4　　⑥ \$B1～\$B4　　⑦ \$B\$1～\$B\$4

--- | チ | ・ | ツ | の解答群 ---

⓪ B\$1　　　　① \$B1　　　　② \$B\$1

③ E2　　　　④ E\$2　　　　⑤ \$E\$2

⑥ E2～E8　　⑦ E\$2～E\$8　　⑧ \$E2～\$E8

【使用する表計算ソフトウェアの説明】

四則演算記号：加減乗除の記号として，それぞれ+，-，*，/を用いる。

比較演算記号：比較演算記号として=，≠，<，<=，>，>=を用いる。

セル範囲：開始のセル番地～終了のセル番地という形で指定する。

複写：セルやセル範囲の参照を含む計算式を複写した場合，相対的な位置関係を保つように，参照する列，行が変更される。ただし，計算式中のセル番地の列，行の文字や番号の前に記号$が付いている場合には，変更されない。

シート参照：別のシートのセルやセル範囲を参照するには，それらの前にシート名と記号!を付ける。例えば，**成績!B2** や **成績!C2～E5** のように指定する。

IF(条件式,式1,式2)：**条件式**の値が真の場合は**式1**の値を返し，偽の場合は**式2**の値を返す。

AND(条件式1,条件式2,…,条件式n)：**条件式1**から**条件式n**の値のすべてが真のとき，真を返す。それ以外のときは，偽を返す。

OR(条件式1,条件式2,…,条件式n)：**条件式1**から**条件式n**の値の少なくとも一つが真のとき，真を返す。それ以外のときは，偽を返す。

シート　成績

	A	B	C	D	E
1	組	名前	国	数	英
2	ア	佐藤	40	60	30
3	ア	鈴木	60	50	50
4	イ	高橋	80	70	90
5	イ	伊藤	30	60	60

SUM(セル範囲)：セル範囲に含まれる数値の合計を返す。

AVG(セル範囲)：セル範囲に含まれる数値の平均値を返す。

COUNT(セル範囲)：セル範囲に含まれるセルのうち，数値のセルの個数を返す。

COUNTA(セル範囲)：セル範囲に含まれるセルのうち，空白でないセルの個数を返す。

COUNTIF(セル範囲,検索条件)：セル範囲に含まれるセルのうち，**検索条件**と一致するセルの個数を返す。例えば，シート**成績**で COUNTIF(A2～A5,"ア")は2を返す。

MAX(セル範囲)：セル範囲に含まれる数値の最大値を返す。

RANK(式,セル範囲)：セル範囲に含まれる数値を降順に並べたときの，**式**の値の順位を返す。同じ値があれば同順位を返す。例えば，シート**成績**で RANK(D2,D2～D5)も RANK(D5,D2～D5)も2を返す。

VLOOKUP(検索値,セル範囲,列位置)：セル範囲の1列目を上から順に探索し，**検索値**と等しい最初のセルを見つけ，このセルと同じ行にある**セル範囲**内の左から**列位置**番目にあるセルの値を返す。**検索値**と等しい値のセルがないときは，文字列「該当なし」を返す。例えば，シート**成績**で VLOOKUP("イ",A2～E5,3)は80を返す。

45 次の文章を読み，後の問い（問1〜5）に答えよ。

　K市の高校生の花子さんは，「情報Ⅰ」の授業のデータ分析の課題「季節に関係のある商品のデータを探して，季節とその売り上げの関係性について調べなさい」について，暑い夏に売り上げの伸びそうなエアコンとアイスクリームの月別売上データを収集し分析しようと考えた。

　次のデータは，2016年1月から2020年12月までの全国のエアコンの売上台数（単位は千台）とK市のアイスクリームの売上個数（単位は個）を表している。

表1　エアコンとアイスクリームの売上データ

年月	エアコン（千台）	アイス（個）
2016年 1月	434	464
2016年 2月	504	397
2016年 3月	769	493
2016年 4月	420	617
2016年 5月	759	890
2016年 6月	1470	883
2016年 7月	1542	1292
2016年 8月	651	1387
2016年 9月	469	843
2016年 10月	336	621
2016年 11月	427	459
2016年 12月	571	562
2017年 1月	520	489
2020年 12月	635	599

（出典：一般社団法人日本冷凍空調工業会，

　　　一般社団法人日本アイスクリーム協会の資料より作成）

　花子さんは，これら二つの売上数の関係を調べるためにこのデータを，次の図1のようなグラフで表した。このグラフでは，横軸は期間を月ごとに表し，縦軸はエアコンの売上台数（単位は千台）とアイスクリームの売上個数（単位は個）を同じ場所に表している。破線はエアコン，実線はアイスクリームの売上数を表している。

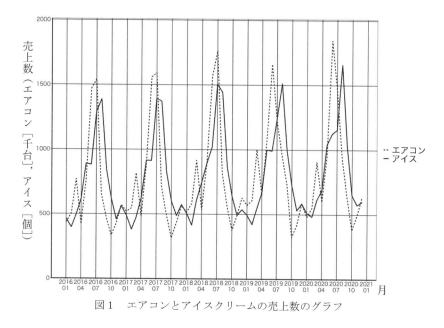

図1　エアコンとアイスクリームの売上数のグラフ

問1　図1のグラフを見て読み取れることを，次の **⓪**～**③** のうちから一つ選べ。

┃ **ア** ┃

⓪　アイスクリームの売上個数は毎月増加している。

①　エアコンの売上台数は年々減少している。

②　年ごとの最もよく売れる時期についてはエアコンの方がアイスクリームよりもやや早い傾向がある。

③　2016年10月は，エアコンの売上台数よりもアイスクリームの売上個数の方が多い。

問2　エアコンやアイスクリームの売り上げが年々増加しているのかどうかを調べたいと考えた花子さんは，月ごとの変動が大きいので，数か月のまとまりの増減を調べるためにその月の前後数か月分の平均値（これを移動平均という）を考えてみることにした。

表2　エアコンの移動平均を計算するシート

年月	エアコン（千台）	6か月移動平均
2016年 1月	434	
2016年 2月	504	
2016年 3月	769	
2016年 4月	420	726.0
2016年 5月	759	910.7
2016年 6月	1470	935.2
2016年 7月	1542	885.2
2016年 8月	651	871.2
2016年 9月	469	815.8
2016年10月	336	666.0
2016年11月	427	495.7
2016年12月	571	478.3
2017年 1月	520	536.2

　例えば，表2は6か月ごとのまとまりの平均を計算している例である。「6か月移動平均」の列について，2016年1月から6月までの6か月の平均値である726.0を2016年4月の行に記載している。このようにエアコンとアイスクリームの売上数について6か月，9か月，12か月，15か月の移動平均を求め，それらの一部をグラフに描いたものが次の⓪～③である。これらのグラフはそれぞれ順不同である。この中から，12か月移動平均の増減を表していると考えられるグラフを，次の⓪～③のうちから一つ選べ。　イ

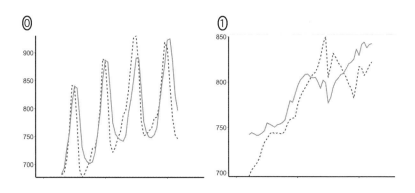

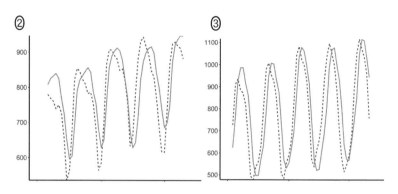

問3　次の文章を読み，空欄 ウ に入れるのに最も適当なものを，後の解答群の ⓪ ～ ③ のうちから一つ選べ。

　　次に花子さんは，より詳細な増減について調べることにした。図1では，エアコンやアイスクリームの売上数は，ある一定期間ごとの繰返しでほぼ変化している傾向があるのではないかという仮説を立て，これが正しいかどうかを確かめるために，まずエアコンの売上台数のデータと，そのデータを n か月だけずらしたデータとの相関係数を求めてみることにした。ずらしたために一方のデータが欠けている箇所については除外して考えた。そのデータについて統計ソフトウェアを用いてグラフにしたものが次の図2である。

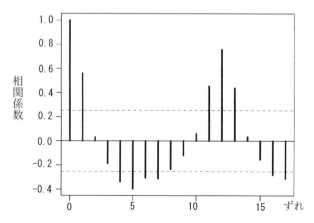

図2　エアコンの売上データをずらした月数とその相関係数

横軸は「ずれ」の月数(n)であり，縦軸は相関係数を表している。例えば，横軸の0のときの値は，エアコンの同じデータ同士の相関係数であるので，明らかに1を示していることが分かる。

図2から，エアコンの売上台数の増減は，おおよそ　ウ　か月ごとにほぼ同じように変化していると考えることができる。

同様のグラフを作成すると，アイスクリームの売上個数もエアコンと同じ月数ごとで変動していることが分かった。

```
──── ウ の解答群 ──────────────────────────

 ⓪ 2          ① 5          ② 12          ③ 14

```

問4　次にエアコンとアイスクリームの売上数の関係を調べようと考えて，その相関係数を求めると，約0.62であった。しかし，図1を見て，売上のピークが多少ずれていると考えた花子さんは，試しに次の表3のようにエアコンの売上台数のデータを1か月あとにずらして考えてみた。例えば，2016年1月のエアコンの売上台数である434(千台)を2016年2月にずらし，以降の月についても順次1か月ずらしている。このデータをもとに，相関係数を求めてみたところ約0.86となった。なお，ずらしたために一方のデータが欠けている箇所については，除外して相関係数を計算している。

第4章

表3　エアコンのデータを1か月ずらした様子

年月	エアコン（千台）	アイス（個）
2016年　1月		464
2016年　2月	434	397
2016年　3月	504	493
2016年　4月	769	617
2016年　5月	420	890
2016年　6月	759	883
2016年　7月	1470	1292
2016年　8月	1542	1387
2016年　9月	651	843
2016年10月	469	621
2016年11月	336	459
2016年12月	427	562
2017年　1月	571	489

　同様に，エアコンの売上台数のデータを n か月後にずらしたデータとの相関係数を求めてみたところ，次の表4のような結果になった。

表4　エアコンとアイスクリームの売上数のずらした月数と相関係数

ずれ(n)	-3	-2	-1	0	1	2	3
相関係数	-0.45	-0.17	0.21	0.62	0.86	0.70	0.17

　このことから考えられることとして，最も適当なものを，次の⓪〜④のうちから一つ選べ。　エ

⓪　アイスクリームの売上個数のピークの方が，エアコンの売上台数のピークより1か月早く訪れる。

①　エアコンを買った人は，翌月に必ずアイスクリームを購入している。

②　アイスクリームが売れたので，その1か月後にエアコンが売れることが分かる。

③　気温が高いほどエアコンもアイスクリームも売れる。

④　ある月のアイスクリームの売上個数の予測をするとき，その前月のエアコンの売上台数から，ある程度の予測ができる。

問5　次の文章を読み，図中の空欄　オ　〜　キ　に入れるのに最も適当なものを，後の解答群のうちから一つずつ選べ。

　　花子さんは，情報科の先生から，これらの売上数と他の要素との関係も調べてみてはどうか，という意見をもらった。そこで，K市の同じ期間の月別平均気温と平均湿度のデータを気象庁のサイトから収集し，これらのデータを合わせて，統計ソフトウェアで図3のような図を作成した。（これを散布図・相関行列という。）図3の左下の部分は相関係数，右上の部分は散布図，左上から右下への対角線の部分はそれぞれの項目のヒストグラムを表している。

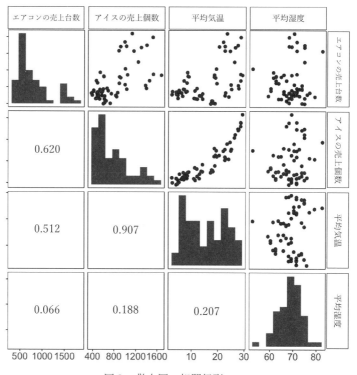

図3　散布図・相関行列

　　図3から花子さんは，次の図4のような関係図を作成した。図中の実線の矢印の向きは，ある項目への影響を表している。また，矢印の線の太さは相関係

数の絶対値が 0.7 以上を太い線で，0.7 未満を細い線で表し，その相関の強さ
を示している。

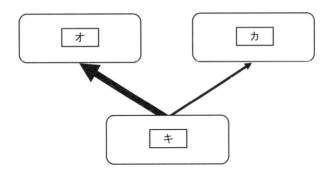

図4　項目間の相関と影響を表した図

　花子さんは，これらの結果をまとめて，「情報Ⅰ」の課題レポートを作成し
た。

〔2022 年 11 月公表 試作問題「情報Ⅰ」参考問題（第 4 問）〕

第4章 情報通信ネットワークとデータの活用 解答解説

▶ Section 1 ▶ 情報通信ネットワークの仕組みと役割

32 問1 ｜ ア ｜ 正解は② ｜ イ ｜ 正解は②

　機器（A）は，外部の WAN と家庭内の LAN という異なるネットワークをつなぐ機器であるからアの名称は②ルータ。イの役割は②ネットワークとネットワークを接続する。

問2 ｜ ウ ｜ 正解は②

　機器（B）は無線アクセスポイントであり，カードの SSID は Wi-Fi のネットワーク名，Key はこのネットワークに接続するための初期パスワードを意味する。ゆえに②が正しい。

問3 ｜ エ ｜・｜ オ ｜ 正解は⓪・③（順不同）

　①の「パスワードの長さを，より短いものに変更」は，セキュリティ対策としてはパスワードは長い方がいいので誤り。②は中継機器を設置することで電波の届く範囲が広くなるが，セキュリティ対策としては適当ではない。

問4 ｜ カ ｜ 正解は①

　USB フラッシュメモリ経由でもウイルス感染の可能性はあるので①が誤り。⓪は正しい。携帯端末を Wi-Fi 接続にすることで，携帯電話回線の使用容量を節約することができる。③も正しい。サポート切れの OS を使っているとセキュリティホールからウイルス等に侵入される可能性がある。

問5 ｜ キ ｜ 正解は②

　②が正しい。「MyFree_WiFi」は他のネットワークと異なり暗号化キーがなく，通信を暗号化していないので，盗聴される危険性がある。⓪の通信速度と盗聴の可能性は直接関係がないので誤り。①の https は暗号化されているだけであり，通信を行うことは問題ないので誤り。③は「回線が混雑」することと，「暗号化された情報がうまく復元されなくなる」ことは関係がないので誤り。

問6 ｜ ク ｜ 正解は③ ｜ ケ ｜ 正解は②

　接続可能なポートは「あ」の WAN ポート以外の LAN ポートであればどれでもよ

いので，クは③い・う・え・おが正解。新たに必要な LAN ケーブルは，機器（A）からハブの1本（これは現在機器（A）に挿さっている LAN ケーブルを流用），ハブからもとの PC などへのケーブル1本，ハブからチヒロさんの PC へのケーブル1本で，計2本が新たに必要となるから，ケは2が正しい。

問7　　コ　　正解は④

40種類の文字から4文字用いて作られるパスワードは，40の4乗で2560000通り。説明文より，0から9までの数字4文字のみで作られるパスワードは10の4乗で10000通りで，これを解読するのに最長1秒であるから，2560000÷10000＝256秒＝④4分16秒が正解となる。

問8　　サ　・　シ　　正解は②・③（順不同）

ブルートフォース攻撃は総当たり攻撃であるから，総当たりをさせない工夫や，総当たりに時間がかかる工夫，パスワードだけでログインさせない工夫が有効である。⓪は対策としては関係がない。①はパスワードを変更しても総当たり攻撃をされれば当たってしまうので対策としては意味がない。②のログイン試行の回数を制限することは総当たり攻撃をさせないことにつながり有効。③の二段階認証は，パスワードが攻撃により突破されてもログインには進めないので，対策として有効である。

問9　　ス　　正解は③

Aの「自分のデータを PC とクラウドに保存しておく」ことは，情報の消失を防ぎ，必要なときにアクセスできるようにすることなので可用性，Bの「ファイルにパスワードを設定」は許可された者だけが情報にアクセスできるようにすることなので機密性，Cの「操作履歴を残し，変更された箇所とその変更内容を分かるようにする」ことは，保有する情報が正確であり完全である状態を保持することにつながるので，完全性に該当する。

33　　ア　　正解は①　　　イ　　正解は③

回線交換方式は，回線を共有するパケット交換方式と異なり，回線を占有する方式のため①の「時間あたりに通信できるデータ量が安定すること」が利点である。パケット交換方式は，回線を占有しないため1つの回線で複数の通信が可能であり，③の「回線数より多くのユーザが同時に通信できること」が利点となる。

34 ［アイ］ 正解は③②　　［ウ］ 正解は①

　従来 IP アドレスは 32 ビットでアドレスを表す IPv 4 が通信規格として使われてきた。IPv 4 で発行できる IP アドレスは「0.0.0.0」から「255.255.255.255」で約 43 億個を発行できるが，2010 年代に枯渇が予想され，次世代の①IPv 6 が使われるようになった。

35 ［ア］ 正解は②

　ハードディスクの故障に備えてのバックアップであるから，同じハードディスクでは意味がなく，別の記憶媒体に保存する必要がある。

36 ［ア］ 正解は②　　［イ］ 正解は④　　［ウ］ 正解は⑦
　　　［エ］ 正解は①　　［オ］ 正解は④　　［カ］ 正解は⑧
　　　［キ］ 正解は②

　アの 6 等の当せん番号の末尾の 1 桁は 0 から 9 の 10 通りなので，予言メールを番号を変えて②10 人に送れば 1 人は当たることになる。同様に，イの 5 等の当せん番号の下 2 桁は 10×10＝100 通りなので，④100 人に送れば 1 人は当たることになる。さらにウの，6 等の番号が当たりかつ 5 等の番号が当たる人は，10×100＝⑦1000 人に送れば 1 人はいることになる。

　エの有害なサイトへのアクセスを制限するのは①フィルタリング。

　オ，カは④公開鍵暗号方式を応用した⑧ディジタル署名のことであり，キは②改ざんされていないことを確認することもできる。

37 ［ア］ 正解は③　　［イ］ 正解は⑥　　［ウ］ 正解は④

　Web ページでは，記述する言語である③HTML や，装飾する CSS，動きをつける JavaScript などが用いられる。Web ブラウザでは Web ページの場所を⑥URL という表記方法で指定する。Web サーバと Web ブラウザのやり取りには④HTTP というプロトコルがよく用いられるが，この通信を暗号化した HTTPS も用いられている。

38 ［ア］ 正解は⑥　　［イウ］ 正解は②④　　［エオカ］ 正解は①⓪⑧
　　　［キ］ 正解は⑤　　［ク］ 正解は⑦　　［ケ］ 正解は⓪
　　　［コ］ 正解は①

　4 つの点を左上の点から一筆書きでなぞるパターンは，2 つ目は残りの 3 点のいず

れか，3つ目は残りの2点のいずれかと考えられるから，**ア**は3×2×1＝6通りある。

　始める点をどこでもよいとすると，**ア**で求めた数に4をかければ求められる。ゆえに**イウ**は4×6＝24通りとなる。

　一度通った点に戻ってもよく，3回動いて延べ4点を通るパターンでは，1つの点からスタートし，2つ目は残りの3点のいずれか，3つ目も2つ目の点以外の3点，4つ目も3つ目の点以外の3点となり，3×3×3＝27通りある。スタートする点は4通りあるから，**エオカ**は4×27＝108通りが正解。

　キは「本人しか知らない情報」とあるので⑤パスワード，**ク**は「本人しか持っていないもの」とあるので⑦携帯電話，**ケ**は「身体の特徴を用いる」とあるので⓪指紋が入る。

　コは「異なる種類の認証方法の組合せ」とあるので，知識認証である暗証番号と生体認証である静脈認証の組合せである①が正しい。⓪，③は知識認証どうし，②は生体認証どうしと，同じ認証方法の組合せなので誤り。

39 ｜ ア ｜ 正解は① ｜ イ・ウ ｜ 正解は②・③（順不同）

　aのファイアウォールとは，ネットワークの境界に設置し，外部との通信を許可あるいは拒否することを通じて安全を確保する仕組みをいうので，**ア**は①が正解。⓪のようにファイアウォールがすべての通信を暗号化することはない。②はウイルス対策ソフトウェアの役割で，③はプログラムのアップデートのことでありファイアウォールの役割ではない。

　bの公開鍵暗号技術は，送信者は受信者の公開鍵を使って暗号化を行い，受信者は自身の秘密鍵を使って復号する仕組みであり，送信者と受信者で秘密鍵の受け渡しをする必要もなく，通信が途中で漏れても受信者の秘密鍵でないと復号できず安全性が高い。ゆえに⓪は関係がなく，①と④は誤りであり，②と③が正しい。

> ▶ **Section 2** ▶▶ 情報システムとデータの管理

40 正解は⒟

Excel は表計算のソフトウェアであり，データベースを扱うソフトウェアとしては Access などがある。

41 正解は⒜

情報セキュリティで求められる要素は，機密性，完全性，可用性である。

42 正解は⒟

得られる情報の格差は「デジタルデバイド」という。ユニバーサルデザインは，国籍や年齢，障がいの有無に関わらず，誰にとっても使いやすいデザインのこと。

▶ **Section 3** ▶　データの収集・整理・分析

☐ **43** 　問 1　| ア |　正解は②　　| イ |　正解は⑧　　| ウ |　正解は②
☐ 　　　　　　| エ |　正解は⑥　　| オ |　正解は④　　| カ |　正解は⑤
　　　　　　　| キ |　正解は②

　シート 1 のセルF2の数式は，先攻得点（D2）と後攻得点（E2）を比較し，同じであれば「―」を，先攻得点（D2）が多ければ先攻選手（B2），少なければ後攻選手（C2）を表示する関数が入る。ゆえにアには②D2>E2 が入る。

　シート 2 のセルB2は，B1の選手が出場した試合数を数えればいいので，シート 1「試合結果」のセルB2～C25 の中にある，シート 2 のセルB1 の名前をカウントすればよい。問題文にはこれを「複写」とあるので，複写したときに対象のセルB2～C25 がずれないように，セルの列の値に $ を加えた⑧$B2～$C25 がイに入る。カウント対象はシート 2 のセルB1 にある名前なのでウは②B1 が正しい。

　シート 2 のセルB3 は，B1 の選手が勝った試合数を数えればよいので，シート 1 のF2～F25 の勝者の列の中にあるシート 2 のセルB1 の選手の名前を数えればよい。これも複写となるので $ を加えて，エは⑥$F2～$F25 が正しい。

　シート 2 のセルB6 は，勝率（引き分けを除いた試合数で勝ち数を割った数）を求める計算式を考えればよい。勝ち数（B3）を，試合数から引き分けを除いた数（B2 - B5）で割ればよいから，オは④B5 となる。

　セルB7 は「勝率にもとづいて順位を表示」すればよい。147 ページの表計算ソフトウェアの説明に RANK（式，セル範囲）とあり，B6 の値をもとに勝率のセル範囲B6～E6 で順位をつけることになる。ゆえにカには⑤B6 が入る。セル範囲は他のセルに複写したときにずれないようにする必要があるので，キには②$B6～$E6 が入る。

　問 2　| ク |　正解は②　　| ケ |　正解は①　　| コ |　正解は⓪
　　　　| サ |　正解は②　　| シ |　正解は①　　| ス |　正解は①
　　　| セ |・| ソ |　正解は③・⑥（順不同）

　シート 3 のセルH3 に入る計算式を考える。先攻が勝った場合，つまり先攻選手（H$1）と勝者（$F3）が等しい場合，問題文から 2 を表示するのでクは 2 が入る。後攻が勝った場合，つまり先攻選手（H$1）と敗者（$G3）が等しい場合は 1 を表示するからケには 1 が入る。引き分けの場合は 0 を表示するのでコは 0 が入る。それ以外の場合は「―」を表示させればよい。したがって

```
IF(AND($B3=H$1,$C3=H$2),
    IF(H$1=$F3,2,IF(H$1=$G3,1,0)),"―")
```

となり，以下のような構造になっている。

$$
\mathrm{IF}\left\{
\begin{array}{l}
\mathrm{B3} = \mathrm{H1}\ \text{かつ}\ \mathrm{C3} = \mathrm{H2} \quad \Rightarrow \quad \mathrm{IF}\left\{
\begin{array}{l}
\mathrm{H1} = \mathrm{F3} \qquad \Rightarrow \quad 2 \\
\text{（先攻が勝ち）} \\
\\
\text{それ以外} \quad \Rightarrow \quad \mathrm{IF}\left\{
\begin{array}{l}
\mathrm{H1} = \mathrm{G3} \qquad \Rightarrow \quad 1 \\
\text{（後攻が勝ち）} \\
\\
\text{それ以外} \qquad \Rightarrow \quad 0 \\
\text{（引き分け）}
\end{array}\right.
\end{array}\right. \\
\text{（先攻と後攻が一致）} \\
\\
\text{それ以外} \qquad\qquad\qquad\qquad \Rightarrow \quad - \\
\text{（先攻と後攻が一致しない）}
\end{array}\right.
$$

シート４のセルB3では先攻が勝った割合を計算するので，先攻が勝った試合数（シート３のセルH3～H250の中で２が表示されているセルの数）を，対戦試合数（シート３のセルH3～H250の中で２または１または０が表示されているセルの数）で割ればよい。ゆえに**サ**は②COUNTIF 関数で条件（セルの値が２）に合ったセルの数を数え，**シ**は①COUNT 関数で0,1,2という数値の入ったセルの数を数えればよい。

シート４のセルB6で使われている関数 AVGIF は，147ページの表計算ソフトウェアの説明より AVGIF（セル範囲1,検索条件,セル範囲2）でセル範囲1に含まれるセルのうち，検索条件を満たすセルに対応するセル範囲２中の数値の平均値を返す関数であることがわかる。ゆえに，「先攻の平均得点」はシート３のセルH3～H250の中の２，１，０つまり ">= 0" の条件にあてはまるセルに対応する D3～D250 の平均値を返せばよい。これを「複写」とあるので**ス**は①\$D3～\$D250 が入る。

セと**ソ**は，問題文から「渡辺選手と東選手の対戦」のときの東選手の「得点」を比較しているので，東選手の後攻の平均得点（セルB7）と先攻の平均得点（セルE6）である２つのセルを比較しているとわかる。ゆえに**セ**，**ソ**は③B7，⑥E6 が正解。

問3　| **タ** | 正解は② | | **チ** | 正解は⑨ | | **ツ** | 正解は⓪ |
　　　| **テ** | 正解は⑤ | | **ト**・**ナ** | 正解は①・② （順不同）|

シート５のセルC13は，残り試合数（C8）が残り試合中の勝ち数（B13）の値より小さい場合にはセルに「＊」を表示し，そうでない場合には残り試合中の勝ち数を考慮した勝率＝「(現在の勝ち数 (C3)＋残り試合中の勝ち数 (B13))÷(これまでの勝ち負けの試合数 (C3＋C4)＋残り試合数 (C8))」を計算すればよい。ゆえに**タ**は B13 だが複写するときにずれないように絶対参照として②\$B13，**チ**は⑨C\$8 が正解となる。

残り試合をすべて負けても渡辺選手の勝率が上回る場合に「―」を表示するので，**ツ**には残り試合で１勝もしなかった場合の勝率⓪\$C13 が入る。そうでない場合は必要な勝ち数を表示するので，**テ**の⑤\$C13～\$C26 の範囲の中の条件にあてはまる数を返せばよい。

ト，**ナ**は①，②が正解。⓪は渡辺選手は勝ち数０でも最下位とはならないので誤り。③はセル D11 と E10 から斉藤選手対東選手は残り４試合とわかり，斉藤選手が全勝 (0.571) した場合，東選手が９勝 (0.569) 以下となり勝率を上回るので誤り。④の

三田選手は残りの試合すべて勝っても4位となるので誤り。

44 問1　　ア　　正解は⑩　　　イ　　正解は⑦
　　　ウ・エ　正解は②・④（順不同）　　オ　　正解は⑩
　　　カ　　正解は⑤

　シート1のセルG2には，もし1位（セルC2）と2位（セルD2）の企画が同じであれば「×」を表示させ，そうでなければ2位（セルD2）を表示させる数式が入る。よって，**ア**には⑩C2＝D2 が入る。

　セルH2には，3位（セルE2）とほかの順位（セルC2またはD2）が同じ企画の場合には「×」を表示させ，そうでなければ3位（セルE2）を表示させる数式が入る。よって，**イ**には⑦OR，**ウ，エ**には②C2＝E2，④D2＝E2 が入る。

　満足度別割合は，回答者全体の人数に対して，各項目ごとの回答者の割合を求めればよい。ゆえに**オ**はシート2の⑩B2 を，シート2の各回答人数の合計つまり B2〜B6 の合計で割ればよい。セル B2 の数式をセル B3〜B6 と C2〜E6 に複写することから，行がずれないように絶対参照とした⑤B$2〜B$6 が**カ**に入る。

問2　　キ　　正解は⑤　　　ク・ケ　正解は②・⑥（順不同）
　　　コ　　正解は⑩　　　サ　　正解は①

　シート4のセルC3には，もし回答者区分（セルA3）と属性（セルC1）が同じで，かつ満足度（セルB3）と満足度区分（セルC2）が同じであれば1を，そうでなければ0を表示する数式が入る。またこの数式を複写することから，回答者区分（セルA3）と満足度（セルB3）については列がずれないように，属性（セルC1）と満足度区分（セルC2）については行がずれないように，絶対参照とする必要がある。ゆえに**キ**には⑤AND，**ク，ケ**には②$A3＝C$1，⑥$B3＝C$2 が入る。

　次に，シート5のセルB2には「満足」と答えた高校生の人数を表示する計算式を入力するので，**コ**には⑩SUM が入る。

　最後に，図2のAの，「満足」と回答した高校生の割合は，「満足」と回答した高校生の人数（シート5のセルB2）を，高校生の総回答数（シート5のセルG2）で割れば求められる。ゆえに**サ**は①が正解。

問3　　シ　　正解は②　　　ス　　正解は⑧　　　セ　　正解は⑤
　　　ソ　　正解は③　　　タ　　正解は②　　　チ　　正解は③
　　　ツ　　正解は⑦

　シート6のセルB2には，シート1の1位（済）の列（セルF2〜F241）から，カフェ（シート6のセルA2）と回答した数をカウントする数式が入る。これを複写することから，セルA2の列がずれないように $A2 とすればよい。ゆえに**シ**は②$A2 が正

解。

　シート 8 のセルB2 には，カフェの 1 位の人数（シート 6 のセルB2）に，シート 6 のセルB1 を見てシート 7 のセル範囲（A2〜B4）から対応する得点（列 2）をかけて計算する数式が入る。またこれを複写することから，シート 6 のセルB1 は，行がずれないように絶対参照とする必要がある。またシート 7 の得点表のセルも，列と行の双方がずれないようにする必要がある。ゆえに**ス**には⑧B2，**セ**には⑤B$1，**ソ**には③$A$2〜$B$4，**タ**には 2 が入る。

　154 ページの表計算ソフトウェアの説明の RANK 関数を見ると，シート 8 のセルF2 に入る計算式の**チ**には式が，**ツ**にはセル範囲が入力される。ゆえに**チ**には順位の元になる合計得点③E2 が入る。**ツ**には順位を出すセル範囲（E2〜E8）が入るが，これを複写することからセル範囲がずれないように絶対参照として⑦E$2〜E$8 が正解となる。

45　問 1　　ア　　正解は②

　エアコンは毎年 6 〜 7 月がピークなのに対し，アイスクリームは 7 〜 8 月がピークとなっているので，②が正しい。アイスクリームの売上個数は月ごとに見ると増減しているので，⓪の「毎月増加している」は誤り。エアコンの売上台数は2018〜2019年は減少しているが，それ以外は年々増加しているので，①の「年々減少している」は誤り。2016 年 10 月はエアコンの売上台数が約 35 万台でアイスクリームの売上個数が約 600 個であり，エアコンの売上台数の方が多いので，③は誤り。

問 2　　イ　　正解は①

　エアコンもアイスクリームも，1 年 = 12 か月サイクルで，波型の変動を繰り返す。そのため 6 か月，9 か月，15 か月の移動平均ではこの変動の影響を受けるために，1 か月ごとのグラフと同様の波型のグラフとなる。これに対し 12 か月の移動平均では，ちょうど増える時期と減る時期の 1 サイクルとなるため，波型の変動とならないので①が正解となる。

問 3　　ウ　　正解は②

　図 2 はエアコンの売上台数とそれを n か月ずらしたデータの相関であるから，相関係数の値が大きいところが相関が強いところといえる。図 2 のグラフからは，12 か月ずらした場合に相関係数が最も大きくなっている = エアコンの売上グラフとそれを12 か月ずらしたグラフがほぼ一致するといえるので，②12 か月が正解となる。

問4　　エ　　正解は④

　問題文と表4より，エアコンの売上台数の変化と，アイスクリームの売上個数の変化の相関係数は，エアコンの売上台数のデータを1か月後にずらしたものが一番大きかった。このことからアイスクリームの売上数のグラフは，エアコンの売上数のグラフを1か月後にずらしたものに近い動きをするといえるので，④が正解。⓪は先にエアコンの売上台数のピークがくるので誤り，①は同一人物とはいえないので誤り，②はアイスクリームが売れると1か月後にエアコンが必ず売れるとはいえないので誤り。③は気温との相関を示すデータはなく，かつエアコンとアイスクリームのピークの時期は異なるので誤りである。

問5　　オ　　正解は①　　　カ　　正解は⓪　　　キ　　正解は②

　平均気温とアイスの売上個数は0.907と強い相関がみられる。このことから，キには②平均気温，オには①アイスクリームの売上個数が入ることがわかる。キが平均気温とわかったので，カには⓪エアコンの売上台数が入ることがわかる。

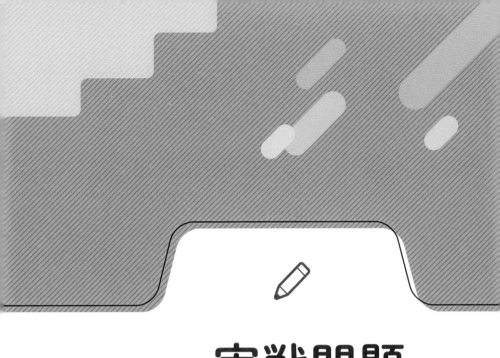

実戦問題

2022年 **試作問題**

解答時間 60 分　配点 100 点

2021年 **サンプル問題**

2022年　試作問題

第1問　次の問い（問1〜4）に答えよ。（配点　20）

問1　インターネットを使ったサービス利用に関する次の問い（**a・b**）に答えよ。

a　SNSやメール，Webサイトを利用する際の注意や判断として，適当なものを，次の⓪〜⑤のうちから二つ選べ。ただし，解答の順序は問わない。
　⏣　ア　・　イ　⏣

⓪　相手からのメッセージにはどんなときでも早く返信しなければいけない。

①　信頼関係のある相手とSNSやメールでやり取りする際も，悪意を持った者がなりすましている可能性を頭に入れておくべきである。

②　Webページに匿名で投稿した場合は，本人が特定されることはない。

③　SNSの非公開グループでは，どんなグループであっても，個人情報を書き込んでも問題はない。

④　一般によく知られているアニメのキャラクターの画像をSNSのプロフィール画像に許可なく掲載することは，著作権の侵害にあたる。

⑤　芸能人は多くの人に知られていることから肖像権の対象外となるため，芸能人の写真をSNSに掲載してもよい。

b　インターネット上の情報の信ぴょう性を確かめる方法として，最も適当なもの
　を次の ⓪〜③ のうちから一つ選べ。｜　ウ　｜

　　　⓪　検索エンジンの検索結果で，上位に表示されているかどうかで判断する。

　　　①　Q&A サイトの回答は，多くの人に支持されているベストアンサーに選ば
　　　れているかどうかで判断する。

　　　②　SNS に投稿された情報は，共有や「いいね」の数が多いかどうかで判断す
　　　る。

　　　③　特定の Web サイトだけでなく，書籍や複数の Web サイトなどを確認し，
　　　比較・検証してから判断する。

問2 次の文章の空欄 | エ |・| オ | に入れるのに最も適当なものを，後の解答群のうちから一つずつ選べ。

データの通信において，受信したデータに誤りがないか確認する方法の一つにパリティチェックがある。この方法では，データにパリティビットを追加してデータの誤りを検出する。ここでは，送信データの 1 の個数を数えて，1 の個数が偶数ならパリティビット 0 を，1 の個数が奇数ならパリティビット 1 を送信データに追加して通信することを考える。例えば，図 1 に示すように送信データが「01000110」の場合，パリティビットが 1 となるため，パリティビットを追加したデータ「010001101」を送信側より送信する。

図 1　送信データ「01000110」とパリティビット

受信側では，データの 1 の個数が偶数か奇数かにより，データの通信時に誤りがあったかどうかを判定できる。この考え方でいくと，| エ |。

例えば，16 進法で表記した「7A」を 2 進法で 8 ビット表記したデータに，図 1 と同様にパリティビットを追加したデータは，「| オ |」となる。

─── **エ** の解答群 ───

⓪ パリティビットに誤りがあった場合は，データに誤りがあるかどうか
を判定できない

① パリティビットを含め，一つのビットの誤りは判定できるが，どのビッ
トに誤りがあるかは分からない

② パリティビットを含め，一つのビットの誤りは判定でき，どのビットに
誤りがあるかも分かる

③ パリティビットを含め，二つのビットの誤りは判定できるが，どのビッ
トに誤りがあるかは分からない

④ パリティビットを含め，二つのビットの誤りは判定でき，どのビットに
誤りがあるかも分かる

─── **オ** の解答群 ───

⓪ 011110100　　　① 011110101　　　② 011110110

③ 011110111　　　④ 101001110　　　⑤ 101001111

問3　次の文章を読み，空欄 ┃ カ ┃ 〜 ┃ ク ┃ に入れるのに最も適当なものを，後の解答群のうちから一つずつ選べ。

　基本的な論理回路には，論理積回路（AND 回路），論理和回路（OR 回路），否定回路（NOT 回路）の三つがあげられる。これらの図記号と真理値表は次の表1で示される。真理値表とは，入力と出力の関係を示した表である。

表1　図記号と真理値表

回路名	論理積回路	論理和回路	否定回路
図記号	A─┐ B─┘─D─X	A─┐ B─┘─D─X	A─▷o─X

論理積回路 真理値表

入力		出力
A	B	X
0	0	0
0	1	0
1	0	0
1	1	1

論理和回路 真理値表

入力		出力
A	B	X
0	0	0
0	1	1
1	0	1
1	1	1

否定回路 真理値表

入力	出力
A	X
0	1
1	0

(1)　S 航空会社が所有する旅客機の後方には，トイレが二つ（A・B）ある。トイレ A とトイレ B の両方が同時に使用中になると乗客の座席前にあるパネルのランプが点灯し，乗客にトイレが満室であることを知らせる。入力 A は，トイレ A が使用中の場合には1，空いている場合には0とする。B についても同様である。出力 X はランプが点灯する場合に1，点灯しない場合に0となる。これを実現する論理回路は次の図2である。

図2　(1)の論理回路

(2)　S航空会社では新しい旅客機を購入することにした。この旅客機では，トイレを三つ（A・B・C）に増やし，三つのうちどれか二つ以上が使用中になったら混雑を知らせるランプを点灯させる。入力や出力は(1)と同様とする。この場合の真理値表は　キ　で，これを実現する論理回路は図3である。

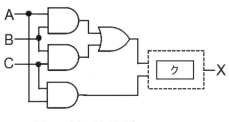

図3　(2)の論理回路

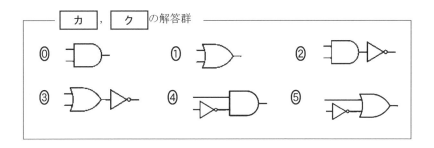

問4 次の文を読み，空欄 ケ ～ サ に入れるのに最も適当なものを，後の解答群のうちから一つずつ選べ。ただし，空欄 コ ・ サ は解答の順序は問わない。

　　情報を整理して表現する方法として，アメリカのリチャード・S・ワーマンが提唱する「究極の5つの帽子掛け」というものがある。これによれば，情報は無限に存在するが，次の5つの基準で情報の整理・分類が可能という。

・場所・・・物理的な位置を基準にする

　　　　例：都道府県の人口，大学のキャンパスマップ

・アルファベット・・・言語的な順番を基準にする（日本語なら五十音）

　　　　例：辞書，電話帳

・時間・・・時刻の前後関係を基準にする

　　　　例：歴史年表，スケジュール

・カテゴリー・・・物事の差異により区別された領域を基準にする

　　　　例：生物の分類，図書館の本棚

・階層（連続量）・・・大小や高低など数量的な変化を基準にする

　　　　例：重要度順の ToDo リスト，ファイルサイズの大きい順

　　この基準によれば，図4の「鉄道の路線図」は ケ を基準にして整理されており，図5のある旅行会社の Web サイトで提供されている「温泉がある宿の満足度評価ランキング」は コ と サ を基準に整理・分類されていると考えられる。

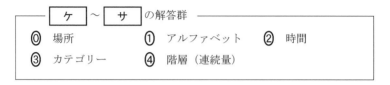

─── ケ ～ サ の解答群 ───

⓪　場所　　　　　①　アルファベット　　②　時間

③　カテゴリー　　④　階層（連続量）

試作問題

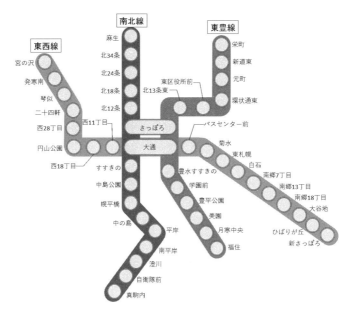

図4　鉄道の路線図

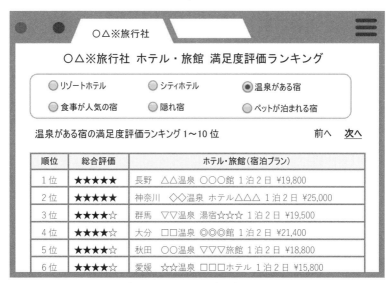

図5　温泉がある宿の満足度評価ランキング

第2問 次の問い（**A**・**B**）に答えよ。（配点 30）

A 次の太郎さんと先生の会話文を読み，問い（**問1～4**）に答えよ。

太郎：二次元コードって様々なところで使われていて，便利ですね。

先生：二次元コードといってもいろいろ種類があるけれど，日ごろよく目にするものは日本の企業が考えたんだよ。

太郎：すごい発明ですね。企業だから特許を取ったのでしょうか。

先生：もちろん。 ［ **ア** ］ 世の中で広く使われるようになったんだよ。

図1 二次元コードの例

太郎：どのくらいの情報を入れられるのでしょうか。

先生：大きさにもよるけど，図1ぐらいの大きさであれば，数字なら187文字，英小文字なら78文字，記号や漢字なら48文字を入れられるよ。二次元コードの形状にはどんな特徴があるかな？

太郎：黒白の小さな正方形で構成されていて，3か所の隅に二重の少し大きな正方形がありますね。

先生：黒白の小さな正方形はセルと言って，1と0に符号化されるんだよ。図1の二次元コードは縦×横が33×33のセルで構成されているけど，文字種や文字数などによってセルの縦と横の数が変わり，それにつれて二次元コードの大きさも変わるね。_A3か所の隅にある二重の少し大きな正方形は，読み取り機にこの二次元コードがあることを教えている位置検出の目印なんだ。

太郎：この二次元コードって一部を隠しても正しく読み取れるんですよね。

先生：_B誤り訂正機能だね。工場などでの製品管理でも使えるように，汚れや破損などで一部が読み取れなくても復元できるんだよ。読み取れない面積の割合によって復元できるレベルは4段階あるんだ。

太郎：すごい技術ですね。

先生：そうだね。自分でも二次元コードを作成できるから，いろいろ試してみたらどうかな。

問1　空欄　ア　に当てはまる文として最も適当なものを，次の ⓪～③ のうちから一つ選べ。

⓪　そこで，使用料を高くすることでこの二次元コードの価値が上がったから

①　しかし，その後特許権を放棄して誰でも特許が取れるようにしたから

②　そして，特許権を行使して管理を厳密にしたから

③　でも，特許権を保有していても権利を行使しないとしていたから

問2　下線部Aの目印は，図2のように，例えば(a)～(c)のどの角度で読み取っても，黒白黒白黒の比が 1:1:3:1:1 となることで，二次元コードの目印として認識できるようになっている。これは，図3のように円形の目印でも同じと考えられるが，正方形の方が都合がよい。その理由として最も適当なものを，後の ⓪～③ のうちから一つ選べ。　イ

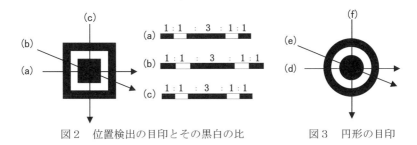

図2　位置検出の目印とその黒白の比　　　図3　円形の目印

⓪　円形では，(d)～(f)の角度によって黒白の比が異なってしまい，正しく読み取れなくなる可能性があるから。

①　円形だと上下左右がないので，二次元コードの向きが分からなくなるから。

②　プリンタやディスプレイの解像度によっては，正方形の目印に比べて正しく読み取れる小さな円形の目印を作ることが難しくなるから。

③　円形では目印が斜めに傾いていても，それを認識することができないため正しく読み取ることができないから。

問3　太郎さんは，先生から二次元コードを作成することができる図4のような
Webアプリケーションを教えてもらった。この二次元コード画像作成ツールは，
二次元コード化する文字列とセルのサイズ（大きさ），誤り訂正のレベル（復元
能力），画像ファイル形式を指定すると二次元コードの画像が作成できるもので
あった。

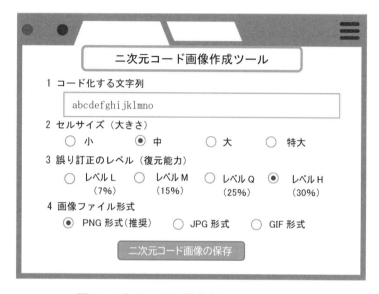

図4　二次元コード画像作成ツールの画面

　　下線部Bについて，興味を持った太郎さんは，この作成ツールを使い，二次
元コード化する文字列の長さと誤り訂正のレベルによってどのようにセルの縦
と横の数が変化するか調べることにした。そこで，試しに英小文字（a〜z）で
構成する文字列の文字数をいろいろ変えて二次元コードを作成したところ，表
1のようになった。表中のn×nはそれぞれセルの縦と横の数を表している。

　　なお，この作成ツールではセルの縦と横の数は自動的に最適な数に調整され
る。また，復元能力の値(%)が大きいほど誤りを訂正する能力が高いことを表
し，例えば，復元能力30%は，二次元コードの面積の最大30%が読み取れなく
てもデータを復元できることを意味する。

表1　英小文字のみで構成された文字列の文字数と
復元能力を変えて作成した二次元コード

	15 文字	20 文字	30 文字	40 文字
復元能力 7 %	21×21	25×25	25×25	29×29
復元能力 30 %	29×29	29×29	33×33	37×37

試作問題

　　この表1の結果から考えられることとして適当なものを，次の ⓪〜⑤ のうちから二つ選べ。ただし，解答の順序は問わない。　ウ　・　エ

⓪　同じ復元能力であれば，文字数に比例してセルの数が多くなり，同じセルの大きさであれば二次元コードも大きくなる。

①　復元能力ごとに，文字数の一定の範囲でセルの縦と横の数が決まり，文字数が多くなるほど段階的にセルの縦と横の数は多くなる。

②　文字数とセルの数には関係が見られない。

③　ある文字列を復元能力 30％で作成した二次元コードは，同じ文字列を復元能力 7％で作成したものに比べ約 4 倍のセルの数がある。

④　復元能力 30％にするためには，復元能力 7％と比べより多くの情報が必要となる。

⑤　同じ文字数であれば復元能力を変えてもセルの数は変わらない。

問4　次に，太郎さんは，図4のWebアプリケーションを使って試しに表2のⅠ〜
　　　Ⅲの三つの文字列について二次元コードを作成してみた。復元能力は7％と
　　　30％の両方を作成し，セルサイズもいろいろ変えてみたところ，表3に示す二
　　　次元コードが作成された。その結果，復元能力7％と30％のそれぞれにおいて作
　　　成された二次元コードのセルの数は，Ⅰ〜Ⅲの文字列で異なっていた。また，
　　　Ⅰ〜Ⅲの文字列はアルファベットや記号，漢字などが含まれているので，表1
　　　の英小文字のみで構成された文字列の文字数とセルの縦と横の数の関係には必
　　　ずしもなっていないことが分かった。表3の空欄　オ　〜　ク　に当ては
　　　まる適当な二次元コードを，後の解答群のうちから一つずつ選べ。

表2　二次元コードを作成した文字列

Ⅰ	https://www.example.ne.jp/
Ⅱ	ＤＮＣ高等学校 https://www.example.ne.jp/
Ⅲ	ＤＮＣ高等学校 東京都目黒区駒場*-**-** https://www.example.ne.jp/

表3　Ⅰ〜Ⅲの文字列から作成された二次元コード

Ⅰの二次元コード 復元能力7％	Ⅱの二次元コード 復元能力7％ 29×29	Ⅲの二次元コード 復元能力7％
オ		カ
Ⅰの二次元コード 復元能力30％ 33×33	Ⅱの二次元コード 復元能力30％	Ⅲの二次元コード 復元能力30％
	キ	ク

── オ ～ ク の解答群 ──

⓪　　33×33

①　　49×49

②　　25×25

③　　37×37

B　次の文章を読み，後の問い（**問1〜3**）に答えよ。

　Mさんのクラスでは，文化祭の期間中2日間の日程でクレープを販売することにした。1日目は，慣れないこともあり，客を待たせることが多かった。そこで，1日目が終わったところで，調理の手順を見直すなど改善した場合に，どのように待ち状況が変化するかシミュレーションすることにした。なお，このお店では同時に一人の客しか対応できないとし，客が注文できるクレープは一枚のみと考える。また，注文は前の客に商品を渡してから次の注文を聞くとして考える。

問1　次の文章および表中の空欄 $\boxed{ケ}$ 〜 $\boxed{シ}$ に当てはまる数字をマークせよ。

　まず，Mさんは，1日目の記録を分析したところ，注文から商品を渡すまでの**一人の客への対応時間に約4分を要している**ことが分かった。

　次に，クラスの記録係が1日目の来客時刻を記録していたので，最初の50人の客の到着間隔を調べたところ，表1の人数のようになった。この人数から相対度数を求め，その累積相対度数を確率とみなして考えてみた。また，到着間隔は一定の範囲をもとに集計しているため，各範囲に対して階級値で考えることにした。

表1　到着間隔と人数

到着間隔（秒）	人数	階級値	相対度数	累積相対度数
0 以上〜 30 未満	6	0 分	0.12	0.12
30 以上〜 90 未満	7	1 分	0.14	0.26
90 以上〜150 未満	8	2 分	0.16	0.42
150 以上〜210 未満	11	3 分	0.22	0.64
210 以上〜270 未満	9	4 分	0.18	0.82
270 以上〜330 未満	4	5 分	0.08	0.90
330 以上〜390 未満	2	6 分	0.04	0.94
390 以上〜450 未満	0	7 分	0.00	0.94
450 以上〜510 未満	1	8 分	0.02	0.96
510 以上〜570 未満	2	9 分	0.04	1.00
570 以上	0	−	−	−

　そして，表計算ソフトウェアで生成させた乱数（0以上1未満の数値が同じ確率で出現する一様乱数）を用いて試しに最初の 10 人の到着間隔を，この表1をもとに導き出したところ，次の表2のようになった。ここでの到着間隔は表1の階級値をもとにしている。なお，1人目は到着間隔0分とした。

表2　乱数から導き出した到着間隔

	生成させた乱数	到着間隔
1人目	－	0分
2人目	0.31	2分
3人目	0.66	4分
4人目	0.41	2分
5人目	0.11	0分
6人目	0.63	3分
7人目	0.43	3分
8人目	0.28	2分
9人目	0.55	3分
10人目	0.95	ケ 分

　表2の結果から 10 人の客の待ち状況が分かるように，次の図1のように表してみることにした（図1は6人目まで記入）。ここで，待ち時間とは，並び始めてから直前の人の対応時間が終わるまでの時間であり，対応時間中の客は待っている人数に入れないとする。このとき，最も待ち人数が多いときは コ 人であり（これを最大待ち人数という），客の中で最も待ち時間が長いのは サ シ 分であった。

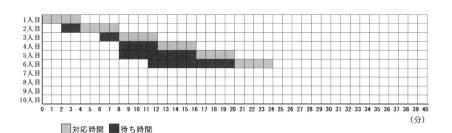

図1　シミュレーション結果（作成途中）

問2 図1の結果は，客が10人のときであったので，Mさんは，もっと多くの客が来た場合の待ち状況がどのようになるか知りたいと考えた。そこでMさんは，客が10人，20人，30人，40人来客した場合のシミュレーションをそれぞれ100回ずつ行ってみた。次の図2は，それぞれ100回のシミュレーションでの最大待ち人数の頻度を表したものである。

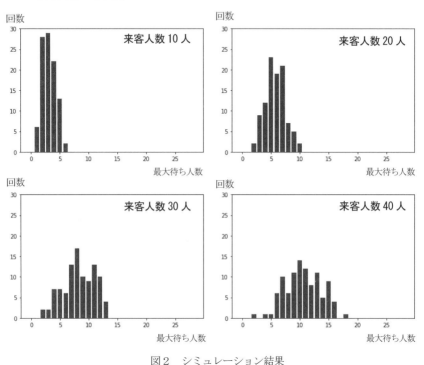

図2 シミュレーション結果

この例の場合において，シミュレーション結果から**読み取れないこと**を次の⓪〜③のうちから一つ選べ。 ス

⓪ 来客人数が多くなるほど，最大待ち人数が多くなる傾向がある。

① 最大待ち人数の分布は，来客人数の半数以下に収まっている。

② 最大待ち人数は，来客人数の1/4前後の人数の頻度が高くなっている。

③ 来客人数が多くなるほど，最大待ち人数の散らばりが大きくなっている。

問3　1日目の午前中の来客人数は 39 人で，記録によれば一番長く列ができたときで 10 人の待ちがあったことから，Mさんは，図2の「来客人数 40 人」の結果が 1 日目の午前中の状況をおおよそ再現していると考えた。そこで，調理の手順を見直すことで一人の客への対応時間を 4 分から 3 分に短縮できたら，図2の「来客人数 40 人」の結果がどのように変化するか同じ乱数列を用いて試してみた。その結果を表すグラフとして最も適当なものを，次の ⓪〜③ のうちから一つ選べ。　セ

試作問題

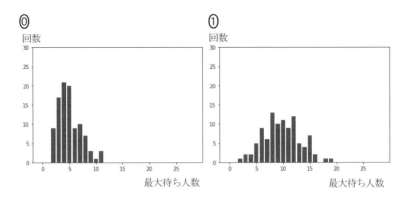

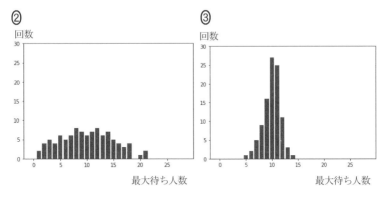

第3問　次の問い（問1～3）に答えよ。（配点　25）

問1　次の生徒（S）と先生（T）の会話文を読み，空欄 ア に当てはまる数字を
マークせよ。また，空欄 イ ～ エ に入れるのに最も適当なものを，
後の解答群のうちから一つずつ選べ。ただし，空欄 ウ ・ エ は解答
の順序は問わない。

S：この前，お客さんが 460 円の商品を買うのに，510 円を払って，釣り銭を
　　50 円受け取っていたのを見て，授業で勉強したプログラミングで，そんな
　　「上手な払い方」を計算するプログラムを作ってみたいと思いました。

T：いいですね。まず，「上手な払い方」とは何かを考える必要がありますね。

S：普通は手持ちの硬貨の枚数を少なくするような払い方でしょうか。

T：そうですね。ただ，ここでは，客が支払う枚数と釣り銭を受け取る枚数の
　　合計を最小にする払い方を考えてみませんか？　客も店も十分な枚数の硬
　　貨を持っていると仮定しましょう。また，計算を簡単にするために，100 円
　　以下の買い物とし，使う硬貨は 1 円玉，5 円玉，10 円玉，50 円玉，100 円
　　玉のみで 500 円玉は使わない場合を考えてみましょう。例えば，46 円をち
　　ょうど支払う場合，支払う枚数はどうなりますか？

S：46 円を支払うには，10 円玉 4 枚，5 円玉 1 枚，1 円玉 1 枚という 6 枚で払
　　い方が最小の枚数になります。

T：そうですね。一方，同じ 46 円を支払うのに，51 円を支払って釣り銭 5 円
　　を受け取る払い方では，支払いに 2 枚，釣り銭に 1 枚で，合計 3 枚の硬貨
　　のやり取りになります。こうすると交換する硬貨の枚数の合計が最小にな
　　りますね。

S：これが上手な払い方ですね。

T：そうです。このように，客と店が交換する硬貨の合計が最小となる枚数，
　　すなわち「最小交換硬貨枚数」の計算を考えましょう。

S：どうやって考えればいいかなぁ。

T：ここでは，次の関数のプログラムを作り，それを使う方法を考えてみまし

ょう。目標の金額を釣り銭無くちょうど支払うために必要な最小の硬貨枚数を求める関数です。

【関数の説明と例】

> **枚数**（金額）… 引数として「金額」が与えられ，ちょうどその金額となる硬貨の組合せの中で，枚数が最小となる硬貨枚数が戻り値となる関数。
> 例：8 円は「5 円玉が 1 枚と 1 円玉が 3 枚」の組合せで最小の硬貨枚数になるので，**枚数**(8) の値は 4 となる。

試作問題

T：これは，例えば，**枚数**(46)＝ ア と計算してくれるような関数です。これを使って最小交換硬貨枚数の計算を考えてみましょう。例えば，46 円支払うのに，51 円払って 5 円の釣り銭を受け取る払い方をした場合，客と店の間で交換される硬貨枚数の合計は，この関数を使うと，どのように計算できますか？

S： イ で求められますね。

T：一般に，商品の価格 x 円に対して釣り銭 y 円を 0, 1, 2, . . . と変化させて，それぞれの場合に必要な硬貨の枚数の合計を

$$\text{枚数}(\boxed{\text{ウ}}) + \text{枚数}(\boxed{\text{エ}})$$

と計算し，一番小さな値を最小交換硬貨枚数とすればよいのです。

S：なるほど。それで，釣り銭 y はいくらまで調べればよいでしょうか？

T：面白い数学パズルですね。まあ，詳しくは今度考えるとして，今回は 100 円以下の商品なので y は 99 まで調べれば十分でしょう。

イ の解答群

　⓪　**枚数**(51) ＋ **枚数**(5)　　①　**枚数**(46) ＋ **枚数**(5)

　②　**枚数**(51) － **枚数**(5)　　③　**枚数**(46) － **枚数**(5)

ウ ・ エ の解答群

　⓪　x　　　①　y　　　②　$x + y$　　　③　$x - y$

問2　次の文章の空欄　オ　～　コ　に入れるのに最も適当なものを，後の解答群のうちから一つずつ選べ。

S：まずは，関数「**枚数**(金額)」のプログラムを作るために，与えられた金額ちょうどになる最小の硬貨枚数を計算するプログラムを考えてみます。もう少しヒントが欲しいなぁ。

T：金額に対して，高額の硬貨から使うように考えて枚数と残金を計算していくとよいでしょう。また，金額に対して，ある額の硬貨が何枚まで使えて，残金がいくらになるかを計算するには，整数値の商を求める演算『÷』とその余りを求める演算『%』が使えるでしょう。例えば，46円に対して10円玉が何枚まで使えるかは　オ　で，その際にいくら残るかは　カ　で求めることができますね。

S：なるほど！あとは自分でできそうです。

　　Sさんは，先生（T）との会話からヒントを得て，変数 **kingaku** に与えられた目標の金額（100円以下）に対し，その金額ちょうどになる最小の硬貨枚数を計算するプログラムを考えてみた (図1)。ここでは例として目標の金額を46円としている。

　　配列 **Kouka** に硬貨の額を低い順に設定している。なお，配列の添字は **0** から始まるものとする。最低額の硬貨が **1** 円玉なので **Kouka[0]** の値は **1** となる。

　　先生（T）のヒントに従い，高額の硬貨から何枚まで使えるかを計算する方針で，**(4)**～**(6)**行目のような繰返し文にした。この繰返しで，変数 **maisu** に支払いに使う硬貨の枚数の合計が計算され，変数 **nokori** に残りいくら支払えばよいか，という残金が計算される。

　　実行してみると　ア　が表示されたので，正しく計算できていることが分かる。いろいろな例で試してみたが，すべて正しく計算できていることを確認できた。

```
(1)  Kouka = [1,5,10,50,100]

(2)  kingaku = 46

(3)  maisu = 0, nokori = kingaku

(4)  i を │  キ  │ ながら繰り返す：

(5)  │   maisu = │  ク  │ + │  ケ  │

(6)  └   nokori = │  コ  │

(7)  表示する（maisu）
```

図1　目標の金額ちょうどになる最小の硬貨枚数を計算するプログラム

──── │ オ │ ・ │ カ │ の解答群 ────

⓪ 46 ÷ 10 + 1　　　① 46 % 10 − 1

② 46 ÷ 10　　　③ 46 % 10

──── │ キ │ の解答群 ────

⓪ 5から1まで1ずつ減らし　　① 4から0まで1ずつ減らし

② 0から4まで1ずつ増やし　　③ 1から5まで1ずつ増やし

──── │ ク │ の解答群 ────

⓪ 1　　① maisu　　② i　　③ nokori

──── │ ケ │ ・ │ コ │ の解答群 ────

⓪ nokori ÷ Kouka[i]　　① nokori % Kouka[i]

② maisu ÷ Kouka[i]　　③ maisu % Kouka[i]

問3　次の文章を参考に，図2のプログラムの空欄　サ　～　タ　に入れるのに最も適当なものを，後の解答群のうちから一つずつ選べ。ただし，空欄　ス　・　セ　は解答の順序は問わない。

T：プログラム（図1）ができたようですね。それを使えば，関数「**枚数(金額)**」のプログラムができます。関数の引数として与えられる金額の値をプログラム（図1）の変数 **kingaku** に設定し，**(7)** 行目の代わりに変数 **maisu** の値を関数の戻り値とすれば，関数「**枚数(金額)**」のプログラムとなります。では，その関数を使って最小交換硬貨枚数を計算するプログラムを作ってみましょう。ここでも，100円以下の買い物として考えてみます。

【関数の説明】(再掲)

> **枚数(金額)**… 引数として「金額」が与えられ，ちょうどその金額となる硬貨の組合せの中で，枚数が最小となる硬貨枚数が戻り値となる関数。

　Sさんは，図2のようなプログラムを作成した。変数 **kakaku** に与えられる商品の価格に対して，釣り銭を表す変数 **tsuri** を用意し，妥当な **tsuri** のすべての値に対して交換する硬貨の枚数を調べ，その最小値を求めるプログラムである。なお，ここでは例として商品の価格を46円としている。

　このプログラムでは，先生（T）のアドバイスに従い，釣り銭無しの場合も含め，99円までのすべての釣り銭に対し，その釣り銭になるように支払う場合に交換される硬貨の枚数を求め，その最小値を最小交換硬貨枚数として計算している。

　最小値の計算では，これまでの払い方での最小枚数を変数 **min_maisu** に記憶しておき，それより少ない枚数の払い方が出るたびに更新している。**min_maisu** の初期値には，十分に大きな値として100を用いている。100円以下の買い物では，使う硬貨の枚数は100枚を超えないからである。

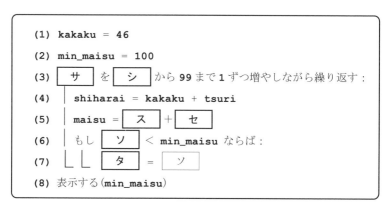

図2　最小交換硬貨枚数を求めるプログラム

このプログラムを実行してみたところ3が表示された。46円を支払うときの最小交換硬貨枚数は，支払いで50円玉が1枚，1円玉が1枚，釣り銭で5円玉が1枚の計3枚なので，正しく計算できていることが分かる。同様に，**kakaku**の値をいろいろと変えて実行してみたところ，すべて正しく計算できていることを確認できた。

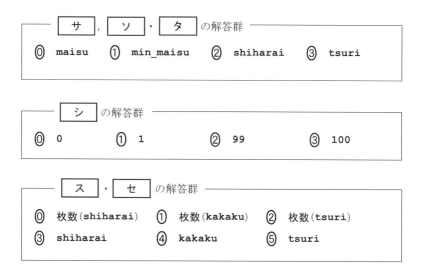

第4問　次の文章を読み，後の問い（問1～5）に答えよ。（配点　25）

　次の表1は，国が実施した生活時間の実態に関する統計調査をもとに，15歳以上19歳以下の若年層について，都道府県別に平日1日の中で各生活行動に費やした時間（分）の平均値を，スマートフォン・パソコンなどの使用時間をもとにグループに分けてまとめたものの一部である。ここでは，1日のスマートフォン・パソコンなどの使用時間が1時間未満の人を表1-A，3時間以上6時間未満の人を表1-Bとしている。

表1-A：スマートフォン・パソコンなどの使用時間が
1時間未満の人の生活行動時間に関する都道府県別平均値

都道府県	睡眠（分）	身の回りの用事（分）	食事（分）	通学（分）	学業（分）	趣味・娯楽（分）
北海道	439	74	79	60	465	8
青森県	411	74	73	98	480	13
茨城県	407	61	80	79	552	11
栃木県	433	76	113	50	445	57

表1-B：スマートフォン・パソコンなどの使用時間が
3時間以上6時間未満の人の生活行動時間に関する都道府県別平均値

都道府県	睡眠（分）	身の回りの用事（分）	食事（分）	通学（分）	学業（分）	趣味・娯楽（分）
北海道	436	74	88	63	411	64
青森県	461	57	83	55	269	44
茨城県	443	80	81	82	423	63
栃木県	386	120	79	77	504	33

（出典：総務省統計局の平成28年社会生活基本調査により作成）

　　花子さんたちは，表1-Aをスマートフォン・パソコンなどの使用時間が短いグループ，表1-Bをスマートフォン・パソコンなどの使用時間が長いグループと設定し，これらのデータから，スマートフォン・パソコンなどの使用時間と生活行動に費やす時間の関係について分析してみることにした。

　　ただし，表1-A，表1-Bにおいて一か所でも項目のデータに欠損値がある場合は，それらの都道府県を除外したものを全体として考える。なお，以下において，データの範囲については，外れ値も含めて考えるものとする。

問1　花子さんたちは，これらのデータから次のような仮説を考えた。表1-A，表1-Bのデータだけからは**分析できない仮説**を，次の ⓪〜③ のうちから一つ選べ。　｜　ア　｜

　　⓪　若年層でスマートフォン・パソコンなどの使用時間が長いグループは，使用時間が短いグループよりも食事の時間が短くなる傾向があるのではないか。

　　①　若年層でスマートフォン・パソコンなどの使用時間が長いグループに注目すると，スマートフォン・パソコンなどを朝よりも夜に長く使っている傾向があるのではないか。

　　②　若年層でスマートフォン・パソコンなどの使用時間が長いグループに注目すると，学業の時間が長い都道府県は趣味・娯楽の時間が短くなる傾向があるのではないか。

　　③　若年層でスマートフォン・パソコンなどの使用時間と通学の時間の長さは関係ないのではないか。

問2　花子さんたちは表1-A，表1-Bのデータから睡眠の時間と学業の時間に注目し，それぞれを図1と図2の箱ひげ図（外れ値は○で表記）にまとめた。これらから読み取ることができる最も適当なものを，後の **⓪**～**③** のうちから一つ選べ。　イ

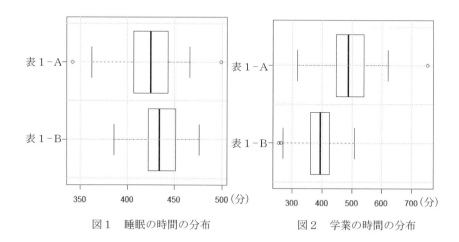

図1　睡眠の時間の分布　　　　図2　学業の時間の分布

⓪　睡眠の時間が 420 分以上である都道府県の数をみたとき，表1-Aの方が表1-Bよりも多い。

①　学業の時間が 550 分以上の都道府県は，表1-Aにおいては全体の半数以上あり，表1-Bにおいては一つもない。

②　学業の時間が 450 分未満の都道府県は，表1-Bにおいては全体の 75% 以上であり，表1-Aにおいては 50% 未満である。

③　都道府県別の睡眠の時間と学業の時間を比較したとき，表1-Aと表1-Bの中央値の差の絶対値が大きいのは睡眠の時間の方である。

問3　花子さんたちは，スマートフォン・パソコンなどの使用時間の長さの違いが，睡眠の時間と学業の時間のどちらに大きく影響しているかについて調べることにした。そのために，都道府県ごとに睡眠の時間と学業の時間のそれぞれにおいて，表1-Aの値から表1-Bの値を引いた差について考え，その結果を次の図3の箱ひげ図（外れ値は○で表記）で表した。図3について述べたこととしてA〜Eの中から正しいものはどれか。当てはまるものの組合せとして最も適当なものを，後の⓪〜⑤のうちから一つ選べ。 ウ

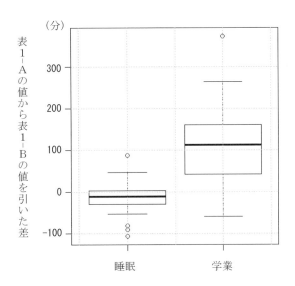

図3　生活行動時間の差

A　学業の時間の差が正の値になっている都道府県の若年層は，スマートフォン・パソコンなどの使用時間が短いグループの方が，学業の時間が長い傾向にある。

B　睡眠の時間の差が正の値になっている都道府県の若年層は，スマートフォン・パソコンなどの使用時間が短いグループの方が，睡眠の時間が短い傾向にある。

C　スマートフォン・パソコンなどの使用時間による生活行動時間の差は，睡眠の時間よりも学業の時間の方に顕著に表れている。

D　スマートフォン・パソコンなどの使用時間による生活行動時間の差は，学業の時間よりも睡眠の時間の方に顕著に表れている。

E　スマートフォン・パソコンなどの使用時間による生活行動時間の差は，学業の時間と睡眠の時間の両方に同程度に表れている。

⓪ AとC	① AとD	② AとE
③ BとC	④ BとD	⑤ BとE

問4　花子さんたちは，表1-Aについて，睡眠の時間と学業の時間の関連を調べる
　　 こととした。次の図4は，表1-Aについて学業の時間と睡眠の時間を散布図で
　　 表したものである。ただし，2個の点が重なって区別できない場合は □ で示し
　　 ている。

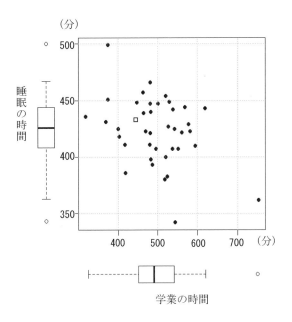

図4　表1-Aの学業の時間と睡眠の時間の散布図

　都道府県単位でみたとき，学業の時間と睡眠の時間の間には，全体的には弱い負の相関があることが分かった。この場合の負の相関の解釈として最も適当なものを，次の ⓪ ～ ③ のうちから一つ選べ。なお，ここでは，データの範囲を散らばりの度合いとして考えることとする。　エ

⓪ 睡眠の時間の方が，学業の時間より散らばりの度合いが大きいと考えられる。

① 睡眠の時間の方が，学業の時間より散らばりの度合いが小さいと考えられる。

② 学業の時間が長い都道府県ほど睡眠の時間が短くなる傾向がみられる。

③ 学業の時間が長い都道府県ほど睡眠の時間が長くなる傾向がみられる。

問5　次の文章を読み，空欄 オ に当てはまる数字をマークせよ。また，空欄 カ に入れるのに最も適当なものを，図6中の ⓪ ～ ③ のうちから一つ選べ。空欄 キ に入れるのに最も適当なものを，後の解答群のうちから一つ選べ。

　　花子さんたちは都道府県別にみたときの睡眠の時間を学業の時間で説明する回帰直線を求め，図4の散布図にかき加えた（図5）。すると回帰直線から大きく離れている県が多いことが分かったため，自分たちの住むP県がどの程度外れているのかを調べようと考え，実際の睡眠の時間から回帰直線により推定される睡眠の時間を引いた差（残差）の程度を考えることとした。そのために，残差を比較しやすいように，回帰直線の式をもとに学業の時間から推定される睡眠の時間（推定値）を横軸に，残差を平均値0，標準偏差1に変換した値（変換値）を縦軸にしてグラフ図6を作成した。参考にQ県がそれぞれの図でどこに配置されているかを示している。また，図5の□で示した点については，問題の都合上黒丸で示している。

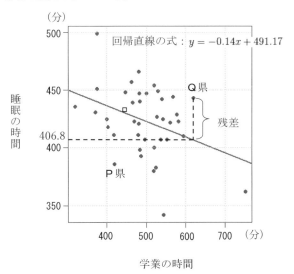

図5　回帰直線をかき加えた散布図

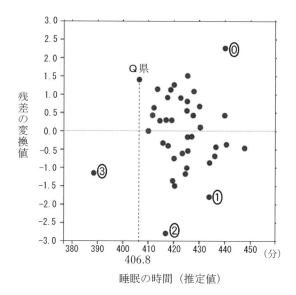

図6　睡眠の時間（推定値）と残差の変換値との関係

　図5と図6から読み取ることができることとして，平均値から標準偏差の2倍以上離れた値を外れ値とする基準で考えれば，外れ値となる都道府県の数は オ 個である。図5中のP県については，図6中の⓪～③のうち カ に対応しており，花子さんたちはこの基準に従いP県は キ と判断した。花子さんたちは学業の時間以外の他の要因の影響についても考え，さらに都道府県の特徴について分析することとした。

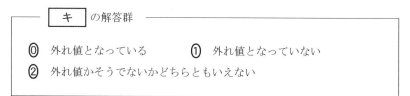

キ の解答群

⓪　外れ値となっている　　　①　外れ値となっていない
②　外れ値かそうでないかどちらともいえない

2022年 試作問題

問題番号 （配点）	設　問	解答記号	正解	配点	チェック
第1問 (20)	問1	ア-イ	①-④	各1	
		ウ	③	2	
	問2	エ	①	3	
		オ	①	3	
	問3	カ	⓪	2	
		キ	②	2	
		ク	①	2	
	問4	ケ	⓪	1	
		コ-サ	③-④	3*1	
第2問 (30)	A	問1	ア	③	3	
		問2	イ	②	3	
		問3	ウ-エ	①-④	各2	
		問4	オ	②	5*2	
			カ	⓪		
			キ	③		
			ク	①		
	B	問1	ケ	⑧	3	
			コ	④	3	
			サ	①	3*2	
			シ	③		
		問2	ス	①	3	
		問3	セ	⓪	3	

問題番号 （配点）	設　問	解答記号	正解	配点	チェック
第3問 (25)	問1	ア	⑥	1	
		イ	⓪	1	
		ウ-エ	②-①	3*2	
	問2	オ	②	1	
		カ	③	1	
		キ	①	1	
		ク	①	2	
		ケ	⓪	2	
		コ	①	2	
	問3	サ	③	2	
		シ	⓪	2	
		ス-セ	⓪-②	3*2	
		ソ	⓪	2	
		タ	①	2	
第4問 (25)	問1	ア	①	4	
	問2	イ	②	5	
	問3	ウ	⓪	5	
	問4	エ	②	5	
	問5	オ	②	3	
		カ	①	3*2	
		キ	①		

（注）
1　＊1は，両方正解の場合に3点を与える。ただし，いずれか一方のみ正解の場合は1点を与える。
2　＊2は，全部正解の場合のみ点を与える。
3　-（ハイフン）でつながれた正解は，順序を問わない。

自己採点欄

100点

第1問 《情報を確認し整理する方法》 標準

問1 a アイ 正解は①・④（順不同）

⓪は「どんなときでも早く返信」する必要はないので誤り。②は「匿名で投稿した場合」であっても，割り振られたIPアドレスの情報から本人の特定は可能であるので誤り。③は非公開グループであってもメンバーの誰かが個人情報を外部に漏らす可能性もあるので誤り。⑤は**肖像権**だけでなく**パブリシティ権**の侵害となる可能性もあるので誤り。

b ウ 正解は③

⓪は，広告が上位に掲載される場合など，検索結果は必ずしも信ぴょう性の順位ではないので誤り。①と②は，多くの人に支持・評価されていることと，信ぴょう性とは異なるので誤り。

問2 エ 正解は①

⓪の，パリティビットに「誤りがあった場合」はデータに誤りがあると判定される。②の「一つのビットの誤り」は奇数・偶数の結果が元のデータと異なるので判定できるが，どのビットがどのように誤っているか（0が1の誤りなのか，1が0の誤りなのか）は判定できない。③，④の「二つのビットの誤り」は，奇数・偶数の結果が元のデータと同じになるので，判定できない。

オ 正解は①

16進法の「7A」を10進法に変換すると「$7 \times 16^1 + 10 \times 16^0 = 122$」，これを2進法に変換すると「01111010」となる。1の個数が5と奇数なので，データの後ろにパリティビット1を加え①011110101が正解となる。

問3 カ 正解は⓪

AとBの双方が使用中＝1の場合のみ，1を出力すればいいので，論理積回路である⓪が正解となる。

キ 正解は② ク 正解は①

真理値表は三つのうち二つ以上が使用中＝1の場合に，1を出力すればいいので，キは②が正解となる。

次にクに入る図記号を考える。仮にA＝0，B＝0，C＝0の場合は以下の通りとなる。

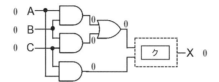

この場合X＝0となるから，**ク**は0と0が入力されて，0を出力している。0と出力するのは⓪，①，④である。

次にA＝1，B＝0，C＝1の場合で考えると以下の通りとなる。

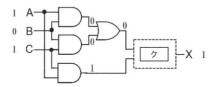

クで0と1が入力されて，1を出力している。1と出力するのは①，②である。

これら両方の場合をみたすのは①のみである。

問4　　ケ　　正解は⓪

鉄道の路線図はどの駅の隣にどの駅があるか，路線はどの方向に向いているかという⓪場所を基準に情報を整理している。

コ　・　サ　　正解は③・④（順不同）

「温泉がある宿」という③カテゴリーごとに，総合評価が高い順番という④階層（連続量）に分けて情報が整理されている。

第2問　A　《二次元コードの作成》　やや易

問1　　ア　　正解は③

二次元コードは日本企業のDENSOが「QRコード」の名称で特許を取得したが，権利を行使していないので自由に利用できる。このことを知らなくても問題文に「世の中で広く使われるようになった」とあるので，⓪の「使用料を高くする」や，②の「管理を厳密にした」は誤りとわかる。①の，**特許権**を「放棄して誰でも特許が取れるようにした」は，特許は出願人しか取れず誰でもということはないので，誤りとわかる。

問2　　イ　　正解は②

　図を**画素**で表現する場合，直線に比べて円や曲線などでは**解像度**によってはギザギザの部分が生じ，黒白の比が均等にならない可能性がある。⓪,①,③は関係がないので誤り。

問3　　ウ　・　エ　　正解は①・④（順不同）

　⓪は後半の「同じセルの大きさであれば二次元コードも大きくなる」が誤り。②は文字数と**セル**の数は明らかに関係があるので誤り。③は，例えば15文字で比較すると7％では21×21，30%では29×29となり，4倍の差はないので誤り。⑤も復元能力が高くなるとセルの数は明らかに多くなるので誤り。

問4　　オ　　正解は②　　　カ　　正解は⓪　　　キ　　正解は③
　　　　ク　　正解は①

　文字数とセルの大きさは比例するので，セルの大きさはⅠ＜Ⅱ＜Ⅲとなる。またセルの大きさは復元能力の高さにも比例するので，同じ文字列ならば7％の場合＜30%の場合となる。オは29×29より小さいセルが入るので②25×25，キとクも同様に考えると33×33より大きなセルが入るので，それぞれ③37×37，①49×49となる。カは29×29より大きなセルが入るので⓪33×33が正解。

B　《待ち行列のシミュレーション》　

問1　　ケ　　正解は⑧

　表2の到着間隔は，生成させた**乱数**が表1の累積相対度数のどの階級に入るか確認し，その階級値を返していることがわかる。乱数が0.95なので，表1の累積相対度数を見ると450以上〜510未満の階級に入る。よってその階級値8分が正解となる。

　　コ　　正解は④　　　サ　　正解は①　　　シ　　正解は③

　対応時間は1人ずつ順番に4分間，待ち時間は，前の人が到着した時刻に表2の到着間隔を加えた時刻から，対応時間の開始時刻までとなり，このルールに従い図1を完成させると以下のようになる。

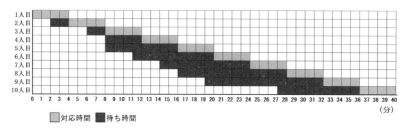

完成した図から読み取ると，最大待ち人数は 19 分から 20 分の 4 人，客の中で最も待ち時間が長いのは 9 人目の 13 分となる。

問2 　ス　 正解は①

最大待ち人数の分布は，来客人数 10 人の場合は半数以下に収まっていないので，①が誤り。⓪，②，③は正しい。

問3 　セ　 正解は⓪

「来客人数 40 人」のシミュレーションであるから，図 2 の来客人数 40 人のシミュレーション結果と比較すればよい。1 人の客への対応時間を短縮したので，最大待ち人数は減少するはずであり，回数も少ない方へ移動するはずである。ゆえに⓪が正しい。①は図 2 とほとんど変化がないので誤り，②は最大待ち人数が増えているので誤り，③は回数が増えているので誤り。

第3問 《買い物時の釣り銭計算プログラム》 やや難

問1 　ア　 正解は⑥　　　イ　 正解は⓪
　　　ウ・エ　 正解は②・①（順不同）

説明から，「枚数(46)」は 46 円となる最小の硬貨枚数の値なので，アには 6 が入る。イは，枚数(51)と枚数(5)を交換することになるので，硬貨枚数の合計は⓪枚数(51)＋枚数(5)となる。ウとエは，支払う金額＝商品の価格 x 円＋釣り銭 y 円である②$x+y$，釣り銭にあたる①y である。

問2 　オ　 正解は②　　　カ　 正解は③

オは 46 円に対して 10 円玉が何枚まで使えるかを計算すればよいので，46 円（金額）÷10 円玉（使う硬貨）となり②が正しい。カはこの場合いくら残るかを計算すればよいので，46÷10 の余りを求める「%」を使って③46 % 10 が正解。

| キ | 正解は① | ク | 正解は① | ケ | 正解は⓪ | コ | 正解は① |

まず，この**プログラム**の概要を説明文から読み取ると，「目標の金額」（変数 kingaku）に対し，**配列** Kouka にある高額の硬貨から順に割っていき，その商を順に足していくと，金額ちょうどになる最小の硬貨枚数を計算することになる。

プログラム (4)〜(6) 行目は，配列 Kouka にある高額の硬貨から順に割っていき，その商を順に足していくことに対応する。配列 Kouka で，Kouka[0] の値は 1 とあるので，以下 Kouka[1] の値は 5，…100（円硬貨）は Kouka[4] と表すことができる。計算は，「高額の硬貨から」つまり Kouka[4] から Kouka[0] まで順番に割っていくので，**キ**には①4 から 0 まで 1 ずつ減らしが入る。

次に説明文に，**変数** maisu には「支払いに使う硬貨の枚数の合計が計算され」とあるので，**ク**と**ケ**には，「それまでの計算結果の枚数（変数①maisu）」と，「残り金額（変数 nokori）を，次に高額な硬貨（配列 Kouka[i]）で割ることで求めた結果（⓪nokori÷Kouka[i]）」がそれぞれ入る。同様に，変数 nokori には「残りいくら支払えばよいか，という残金」とあるので，**コ**には，残りの金額（変数 nokori）を次に高額な硬貨（配列 Kouka[i]）で割ったときの余りを求める式である①nokori% Kouka[i] が入る。

問3

| サ | 正解は③ | シ | 正解は⓪ |

| ス・セ | 正解は⓪・②（順不同） | ソ | 正解は⓪ |

| タ | 正解は① |

説明文に「変数 kakaku に与えられる商品の価格に対して，釣り銭を表す変数 tsuri を用意し，妥当な tsuri のすべての値に対して交換する硬貨の枚数を調べ，その最小値を求めるプログラム」とある。

(3) 行目は，このうち「妥当な tsuri のすべての値に対して交換する硬貨の枚数を調べ」に対応し，変数 tsuri を 0（円）から 99（円）まで順に調べるプログラムなので，**サ**には③tsuri，**シ**には⓪0 が入る。

(5) 行目の maisu は，支払いに使用した硬貨の枚数と釣り銭の枚数の合計なので，**ス**，**セ**には⓪枚数(shiharai) と②枚数(tsuri)が入る。

(6)〜(7) 行目は，説明文の最小値の計算の部分にあるように「これまでの払い方での最小枚数を変数 min_maisu に記憶しておき，それより少ない枚数の払い方が出るたびに更新」するプログラムが入る。(6) 行目は (4)〜(5) 行目で求めた結果の変数 maisu とこれまで求めた枚数の最小値 min_maisu を比較し，⓪maisu の値が小さければ，(7) 行目で①min_maisu をその値に更新する。

第4問　《スマートフォン・パソコンなどの使用時間と生活行動時間の関係》　やや難

問1　ア　正解は①

問題文に，表の「データだけからは分析できない仮説」とあるので，表にデータがないものを探せばよい。①の「朝よりも夜に長く使っている傾向がある」は，表に「いつ使用しているか」の項目がないので，仮説の分析は不可能である。

問2　イ　正解は②

⓪は表1-Bの方が中央値が右に寄っているので誤り，①は表1-Aの中央値は550よりも小さいので誤り，③は箱ひげ図の中央値を比べると「学業の時間」の方が差の絶対値が大きいので誤りである。

問3　ウ　正解は⓪

図3の値は，表1-A（スマートフォン・パソコンなどの使用時間が短いグループ）の値から表1-B（スマートフォン・パソコンなどの使用時間が長いグループ）の値を引いたものである。したがって，正の値であれば使用時間が短いグループの方が費やす時間が長いもの，負の値であれば使用時間が長いグループの方が費やす時間が長いものを表している。ゆえにAは正しくBは誤り。使用時間による生活行動時間の差は，睡眠の時間よりも学業の時間の方に顕著に表れているので，Cは正しく，DとEは誤り。

問4　エ　正解は②

負の相関とは，一方が一定の割合で増加すると，もう一方が一定の割合で減少する関係を言う。ここでは学業の時間と睡眠の時間の間に「弱い負の相関がある」と説明文にあり，その解釈を選ぶことが求められているので，②学業の時間が長い都道府県ほど睡眠の時間が短くなる傾向がみられるが適切である。

問5 　オ　 正解は②　 　カ　 正解は①　 　キ　 正解は①

　図6の縦軸「残差の変換値」は標準偏差の値なので，標準偏差の2倍以上，すなわち−2.0以下もしくは2.0以上にある点を**外れ値**とすればよい。したがって**オ**は，⓪と②の2個が正しい。

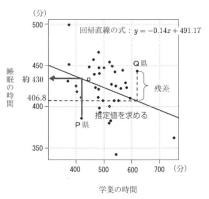

図5　回帰直線をかき加えた散布図

　次に**カ**のP県の位置について考える。

　図6の横軸「睡眠の時間（推定値）」は，実際の睡眠時間ではなく図5の「睡眠の時間」と「学業の時間」との回帰直線上の推定値であることに注意する。「睡眠の時間（推定値）」は，図5の回帰直線上にあるから，P県の学業の時間に対応する，睡眠の時間の数値を読み取ればよい（右図参照）。

　P県の実際の値は回帰直線上の推定値より少ないので，残差の変換値は負の値になるはずである。ゆえに図6で「睡眠の時間（推定値）」が約430で，かつ残差が負の値となっている①がP県の値になる。

　キは，図6より①の残差の変換値は−2.0〜2.0の範囲にあるので，①**外れ値となっていない**と判断できる。

2021年 サンプル問題 　問　題

（注）　本サンプル問題は，具体的なイメージの共有のために作成されたものであり，実際の
　　　問題セットをイメージしたものや試験時間を考慮したものではない。

第1問　次の問い（問1〜4）に答えよ。

問1　次の文章は，2011年の東日本大震災の後にまとめられた報告書「大規模災害等緊
　　急事態における通信確保の在り方について」の一部である。この報告書を基にした
　　先生と生徒の会話文を読み，空欄　ア　〜　エ　に入れるのに最も適当なものを，
　　それぞれの解答群のうちから一つずつ選べ。ただし，空欄　ア　・　イ　の順序は問
　　わない。

近年の通信インフラ・ネットワークの発展により，インターネットを利用した多
彩なサービス・アプリケーション（ソーシャルメディアサービス，動画配信サービ
ス，動画投稿サイト，クラウドサービス等）が登場しており，今回の震災において
は，インターネットを利用した安否確認，情報共有等の新たな取組が見られた。

例えば，ₐ震災直後の音声通話・メール等がつながりにくい状況において，ソー
シャルメディアサービスについては，安否確認を行う手段の一つとして個人に利
用されるとともに，登録者がリアルタイムに情報発信するものであることから，震
災に関する情報発信・収集のための手段として，個人や公共機関等に利用され，そ
の有効性が示された。

また，各自治体から発表されている避難者名簿等の情報を集約し検索可能とす
るサイト，（省略）ボランティアや支援物資の送り手と受け手のニーズを引き合わ
せるマッチングサイトなどインターネットを利用した付加価値のある各種サービ
スが提供された。

さらに，ᵦ被災した自治体等に対してホームページ・メールサービスの提供や避
難所の運営支援ツールをクラウド上で提供することも行われ，業務運営の確保や
情報の保全にクラウドサービスが活用された。

その他，放送事業者が動画配信サイトに震災関連ニュースを提供し，インターネ
ット上で配信した事例や個人が動画中継サイト上で被災地の様子をリアルタイム
で配信した事例も見られた。

このようなインターネットの効果的な利用の一方で，今回の震災では，インター
ネット上で震災に関する様々な情報が大量に流通したことによる情報の取捨選択
の必要や（省略）ₒ情報格差の発生などの課題も生じたところである。このため，
インターネットの活用事例の収集・共有に当たっては，インターネット利用に関す
る課題についても併せて共有できるようにすることが望ましい。

出典「大規模災害等緊急事態における通信確保の在り方について　最終取りまとめ」（一部改変）
大規模災害等緊急事態における通信確保の在り方に関する検討会（2011年）

会話文

先生：10年前の東日本大震災の時は，この報告書（下線a）にあるように電話やメール
　　　がつながりにくくなったようです。特に固定電話がつながりにくかったようだね。

生徒：多分，利用者からの発信が急増するから回線がパンクしてしまったのではない
　　　ですか。でもSNSは利用できたのですね。

先生：通常通りとはいかなかったと思うけど，利用できたようだね。当時の固定電話
　　　の回線交換方式と違って，データ通信であるインターネット回線では　ア　した
　　　り　イ　したりするから，SNSは災害に強いメディアとして認識されるようにな
　　　ったんだよ。

生徒：こういう時にメリットが生かされたのですね。じゃあ，大きな災害の時は，よ
　　　く使うこのSNSアプリで連絡を取れば良いですね。

先生：様々な被害が考えられるから複数の異なるメディアで情報を伝達することを考
　　　えた方が良いと思うよ。

生徒：分かりました。また，この報告書（下線c）にあるような情報格差は　ウ　や経
　　　済的な格差によって生じますから，周りの人たちが互いに助け合うことが大事で
　　　すね。

先生：その通りだね。

生徒：先生，ここ（下線b）にあるクラウドサービスはこの頃から使われるようになっ
　　　たのですか。

先生：もう少し前からあったけど，この震災をきっかけに自治体での利用が広まった
　　　とも言われているよ。

生徒：それは　エ　からですか。

先生：それも理由の一つだね。加えて，運用コストも低く抑えることもできるし，イ
　　　ンターネット回線があればサービスをどこでも利用できるからね。

ア ・ イ の解答群

⓪ 通信経路上の機器を通信に必要な分だけ使えるように予約してパケットを送出
① 大量の回線を用意して大きなデータを一つにまとめたパケットを一度に送出
② データを送るためのパケットが途中で欠落しても再送
③ 回線を占有しないで送信元や宛先の異なるパケットを混在させて送出
④ 一つの回線を占有して安定して相手との通信を確立

ウ の解答群

⓪ 機密性の違い　　① 信憑性の違い　　② 季節の違い　　③ 世代の違い

─── エ の解答群 ───
⓪ 手元にデータをおいておけるため高い安心感を得られる
① 手元にある機材を追加して自由に拡張することができる
② サーバを接続するプロバイダを自由に選ぶことができる
③ サーバなどの機器を自ら設置する必要がない

問2　次の文は，学習成果発表会に向けて，3人の生徒が発表で用いる図について説明したものである。内容を表現する図として最も適当なものを，後の解答群のうちから一つずつ選べ。

サンプル問題

生徒A：クラスの生徒全員の通学手段について調査し，「クラス全員」を「電車を利用する」「バスを利用する」「自転車を利用する」で分類し表現します。 オ

生徒B：より良い動画コンテンツを制作する過程について，多くの人の意見を何度も聞き，「Plan」「Do」「Check」「Action」といった流れで表現します。 カ

生徒C：家電量販店で販売されているパソコンを価格と重量に着目して，「5万円以上・1kg以上」「5万円以上・1kg未満」「5万円未満・1kg以上」「5万円未満・1kg未満」という区分に分類し表現します。 キ

─── オ 〜 キ の解答群 ───

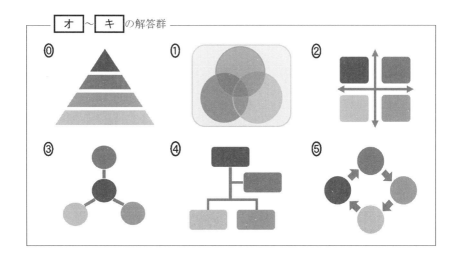

問3　次の文章の空欄 ク ～ コ に入れるのに最も適当なものを，それぞれの解答
　　群のうちから一つずつ選べ。

　次の図1は，モノクロの画像を 16 画素モノクロ8階調のデジタルデータに変換す
る手順を図にしたものである。このとき，手順2では ク ，このことを ケ 化とい
う。手順1から3のような方法でデジタル化された画像データは， コ などのメリ
ットがある。

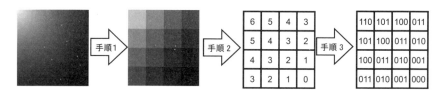

図1　画像をデジタルデータに変換する手順

┌─ ク の解答群 ───────────────────────────
⓪ 区画の濃淡を一定の規則に従って整数値に置き換えており
① 画像を等間隔の格子状の区画に分割しており
② 整数値を二進法で表現しており
③ しきい値を基準に白と黒の2階調に変換しており
└────────────────────────────────────

┌─ ケ の解答群 ───────────────────────────
⓪ 符号　　　　　① 量子　　　　　② 標本　　　　　③ 二値
└────────────────────────────────────

┌─ コ の解答群 ───────────────────────────
⓪ コピーを繰り返したり，伝送したりしても画質が劣化しない
① ディスプレイ上で拡大してもギザギザが現れない
② データを圧縮した際，圧縮方式に関係なく完全に元の画像に戻すことができる
③ 著作権を気にすることなくコピーして多くの人に配布することができる
└────────────────────────────────────

問4　次の先生と生徒（Kさん）の会話文を読み，空欄　サ　〜　セソ　に当てはまる数字
をマークせよ。

Kさん：先生，今読んでいるネットワークの本の中に 192.168.1.3/24 という記述があ
　　　　ったのですが，IP アドレスの後ろに付いている「/24」は何を意味しているの
　　　　ですか？

先　生：それは，ネットワーク部のビット数のことだね。

Kさん：ネットワーク部ってなんですか？

先　生：IPv4 方式の IP アドレスでは，ネットワーク部によって所属するネットワー
　　　　クを判別することができるんだ。例えば IP アドレス 192.168.1.3/24 の場合，
　　　　ネットワーク部のビット数は 24 で，IP アドレスを二進法で表した時の最上位
　　　　ビットから 24 ビットまでがネットワーク部という意味だ。図で表すと次のよ
　　　　うになり，ホスト部を 0 にしたものをネットワークアドレスと呼び
　　　　192.168.1.0/24 と表すんだ。

サンプル問題

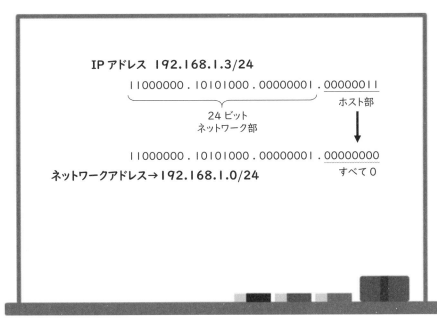

図2　先生がホワイトボードに書いた説明

Kさん：ここに書いてあるホスト部ってなんですか？

先　生：このネットワークに接続するコンピュータなどに割り当てる固有の番号のことだよ。

Kさん：この場合は，番号が 3 ということですか？

先　生：その通りだ。 サ ビットで表される数のうち，0 にしたものはネットワークアドレスとして使用されるし，すべてのビットが 1 である 255 は管理目的で使用するため，このネットワークにはホスト部として 1〜254 までの 254 台のネットワーク機器を割り当てることができるんだ。この考え方でいくと，ネットワーク部のビット数を変えることで，同じアドレスでもネットワークの規模を変えることができるんだよ。例えば，192.168.1.3/ シス が割り当てられているコンピュータが接続するネットワークには，何台のネットワーク機器が接続できるかな？

Kさん：0 とすべてのビットを 1 にしたものが利用できないから，256×256−2 で 65,534 台ですか。

先　生：そうだね。一見同じようなアドレスでもネットワークの規模が異なることになるね。では，172.16.129.1 と 172.16.160.1 が同じネットワークに属していると考えるとネットワーク部のビット数は最大何ビットにすることができるかな？

Kさん：二進法で表して最上位ビットから同じところまでだから，最大 セソ ビットということですか。

先　生：よく理解できたようだね。

第2問　次の文章を読み，後の問い（問1〜3）に答えよ。

　Mさんは，18歳になって選挙権が得られたのを機に，比例代表選挙の当選者を決定する仕組みに興味を持った。そこで各政党に配分する議席数（当選者数）を決める方法を，友人のKさんとプログラムを用いて検討してみることにした。

問1　次の文章の空欄　ア　〜　ウ　に入れる最も適当なものを，後の解答群のうちから一つずつ選べ。同じものを繰り返し選んでもよい。

Mさん：表1に，最近行われた選挙結果のうち，ある地域のブロックについて，各政党の得票数を書いてみたよ。

表1　各政党の得票数

	A党	B党	C党	D党
得票数	1200	660	1440	180

Kさん：今回の議席数は6人だったね。得票の総数を議席数で割ると580人なので，これを基準得票数と呼ぶのがいいかな。平均して1議席が何票分の重みがあるかを表す数ということで。そうすると，各政党の得票数が何議席分に相当するかは，各政党の得票数をこの基準得票数で割れば求められるね。

Mさん：その考え方に沿って政党ごとの当選者数を計算するプログラムを書いてみよう。まず，プログラムの中で扱うデータを図1と図2にまとめてみたよ。配列 Tomei には各政党の党名を，配列 Tokuhyo には各政党の得票数を格納することにしよう。政党の数は4つなので，各配列の添字は0から3だね。

i	0	1	2	3
Tomei	A党	B党	C党	D党

図1　各政党名が格納されている配列

i	0	1	2	3
Tokuhyo	1200	660	1440	180

図2　得票数が格納されている配列

Mさん：では，これらのデータを使って，各政党の当選者数を求める図3のプログラムを書いてみよう。実行したら図4の結果が表示されたよ。

```
(01) Tomei = ["A党","B党","C党","D党"]
(02) Tokuhyo = [1200,660,1440,180]
(03) sousuu = 0
(04) giseki = 6
(05) m を 0 から  ア  まで 1 ずつ増やしながら繰り返す:
(06) └ sousuu = sousuu + Tokuhyo[m]
(07) kizyunsuu = sousuu / giseki
(08) 表示する ("基準得票数:",kizyunsuu )
(09) 表示する ("比例配分")
(10) m を 0 から  ア  まで 1 ずつ増やしながら繰り返す:
(11) └ 表示する (Tomei[m],":",  イ  /  ウ  )
```

図3 　得票に比例した各政党の当選者数を求めるプログラム

Kさん：得票数に比例して配分すると小数点のある人数
　　　　になってしまうね。小数点以下の数はどう考えよ
　　　　うか。例えば，A党は 2.068966 だから 2 人が当選
　　　　するのかな。

Mさん：なるほど。切り捨てで計算すると，A党は 2 人，
　　　　B党は 1 人，C党は 2 人，D党は 0 人になるね。
　　　　あれ？ 当選者数の合計は 5 人で，6 人に足りない
　　　　よ。

Kさん：切り捨ての代わりに四捨五入したらどうだろう。

Mさん：そうだね。ただ，この場合はどの政党も小数点以下が 0.5 未満だから，切り捨てた
　　　　場合と変わらないな。だからといって小数点以下を切り上げると，当選者数が合計で
　　　　9 人になるから 3 人も多くなってしまう。

Kさん：このままでは上手くいかないなぁ。先生に聞いてみよう。

基準得票数：580
比例配分
A党：2.068966
B党：1.137931
C党：2.482759
D党：0.310345

図4 　各政党の当選者数の表示

─ ア ～ ウ の解答群 ─

⓪ 0 　　① 1 　　② 2 　　③ 3 　　④ 4 　　⑤ 5 　　⑥ 6 　　⑦ Tomei[m]

⑧ Tokuhyo[m]　　⑨ sousuu 　　ⓐ giseki 　　ⓑ kizyunsuu

問2　次の文章の空欄 エ ～ ス に入れる最も適当なものを，後の解答群のうちから一つ
ずつ選べ。同じものを繰り返し選んでもよい。

Mさん：先生，比例代表選挙では各政党の当選者数はどうやって決まるのですか？　当選者数
が整数なので，割合だけだと上手くいかなかったのです。

先　生：様々な方法があるけど，日本では各政党の得票数を1，2，3，…と整数で割った
商の大きい順に定められた議席を配分していく方法を採用しているよ。この例だと表
2のように，❶から❻の順に議席が各政党に割り当てられるんだ。C党が❶の議席を
取っているけど，このとき，何の数値を比較したか分かるかな。

表2　各政党の得票数と整数で割った商

	A党	B党	C党	D党
得票数	1200	660	1440	180
1で割った商	❷1200	❹ 660	❶1440	180
2で割った商	❺ 600	330	❸ 720	90
3で割った商	400	220	❻ 480	60
4で割った商	300	165	360	45

Mさん：1で割った商です。A党から順に1200，660，1440，180ですね。

先　生：そうだね。ではA党が❷の議席を取るとき，何の数値を比較したのだろうか。

Mさん：C党は1議席目を取ったので，1440を2で割った商である720を比較します。A
党から順に1200，660，720，180ですね。この中で数値が大きいA党が議席を取り
ます。なるほど，妥当な方法ですね。

Kさん：この考え方で手順を考えてみようよ。

先　生：まずは候補者が十分足りるという条件で手順を考えてみるのがいいですよ。

Kさん：各政党に割り当てる議席を決めるために，比較する数値を格納する配列 Hikaku が
いるね。

Mさん：各政党に配分する議席数（当選者数）を格納する配列 Tosen も必要だね。最初は議
席の配分が行われていないから，初期値は全部 0 にしておくね。

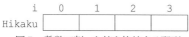

図5　整数で割った値を格納する配列

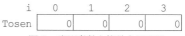

図6　当選者数を格納する配列

Kさん：「2で割った商」の「2」のように，各政党の得票数を割るときに使う数字はどうすればいいかな。

Mさん：その政党の当選者数＋1でいいよね。配列 Tosen が使えるね。そうだ，変化したところだけ計算し直せばいいんじゃない？ 議席を配分する手順を書いてみよう。

手順1　配列 Tokuhyo の各要素の値を配列 Hikaku の初期値として格納する。

手順2　配列 Hikaku の要素の中で最大の値を調べ，その添字 maxi に対応する配列 Tosen[maxi] に 1 を加える。

手順3　Tokuhyo[maxi] を Tosen[maxi] ＋1 で割った商を Hikaku[maxi] に格納する。

手順4　手順2と手順3を当選者数の合計が議席数の6になるまで繰り返す。

手順5　各政党の党名（配列 Tomei）とその当選者数（配列 Tosen）を順に表示する。

図7　手順を書き出した文章

Kさん：この図7の手順が正しいか確認するために，配列 Hikaku と配列 Tosen の中がどう変化していくか確認してみよう。図8のようになるね。

配列 Hikaku の変化

i	0	1	2	3
手順1終了時	1200	660	1440	180
1回目の手順3終了時	1200	660	720	180
2回目の手順3終了時	600	660	エ	180
3回目の手順3終了時	600	660	オ	180
4回目の手順3終了時	600	330	カ	180
5回目の手順3終了時	400	330	キ	180
6回目の手順3終了時	400	330	ク	180

配列 Tosen の変化

i	0	1	2	3
手順1終了時	0	0	0	0
1回目の手順3終了時	0	0	1	0
2回目の手順3終了時	1	0	ケ	0
3回目の手順3終了時	1	0	コ	0
4回目の手順3終了時	1	1	サ	0
5回目の手順3終了時	2	1	シ	0
6回目の手順3終了時	2	1	ス	0

図8　配列 Hikaku と配列 Tosen の変化

Mさん：先生に教えてもらった結果と同じように，議席数が6になるまで議席を配分できたね。この手順でプログラムを考えてみよう。

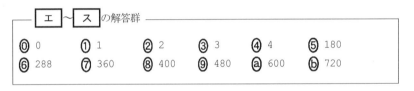

── エ ～ ス の解答群 ──

⓪ 0　　① 1　　② 2　　③ 3　　④ 4　　⑤ 180

⑥ 288　　⑦ 360　　⑧ 400　　⑨ 480　　ⓐ 600　　ⓑ 720

問 3　次の文章の空欄　セ　〜　テ　に入れる最も適当なものを，後の解答群のうちから一つ
ずつ選べ。

Mさん：図 9 のプログラムを作ってみたよ。商を整数で求めるところは小数点以下を切り捨て
る「**切り捨て**」という関数を使ったよ。

Kさん：実行したら図 10 のように正しく政党名と当選者数が得られたね。

```
(01) Tomei = ["A党","B党","C党","D党"]
(02) Tokuhyo = [1200,660,1440,180]
(03) Tosen = [0,0,0,0]
(04) tosenkei = 0
(05) giseki = 6
(06) m を 0 から  ア  まで 1 ずつ増やしながら繰り返す:
(07) └ Hikaku[m] = Tokuhyo[m]
(08)  セ  < giseki の間繰り返す:
(09)  │  max = 0
(10)  │  i を 0 から  ア  まで 1 ずつ増やしながら繰り返す:
(11)  │  │  もし max < Hikaku[i]ならば:
(12)  │  │  │   ソ
(13)  │  │  └   maxi = i
(14)  │  Tosen[maxi] = Tosen[maxi] + 1
(15)  │  tosenkei = tosenkei + 1
(16)  │  Hikaku[maxi] = 切り捨て(  タ  /  チ  )
(17) k を 0 から  ア  まで 1 ずつ増やしながら繰り返す:
(18) └ 表示する(Tomei[k],":",Tosen[k],"名")
```

図 9　各政党の当選者数を求めるプログラム

先　生：できたようだね。各政党の当選者数は求められ
たけど，政党によっては候補者が足りない場合も
あるから，その場合にも対応してみよう。図 11 の
ように各政党の候補者数を格納する配列 Koho
を追加してみたらどうだろう。例えば，C 党の候
補者が足りなくなるように設定してみよう。

```
A党:2 名
B党:1 名
C党:3 名
D党:0 名
```

図 10　各政党の当選者数の表示

図 11　候補者数を格納する配列

Mさん：候補者が足りなくなったらどういう処理をすれば良いのですか？

先　生：比較した得票で次に大きい得票数の政党が繰り上がって議席を取るんだよ。

Mさん：なるほど。では，図9の(11)行目の条件文を次のように修正すればいいですね。当選していない候補者はどこかの政党には必ずいるという前提だけど。

| (11) | | | もし max < Hikaku[i] 　ツ　 　テ　 ならば： |

Kさん：先生，候補者が不足するほかに，考えるべきことはありますか？

先　生：例えば，配列Hikakuの値が同じになった政党の数が残りの議席の数より多い場合，このプログラムでは添字の小さい政党に議席が割り当てられてしまうので不公平だね。実際には，この場合はくじ引きで議席を割り当てるようだよ。

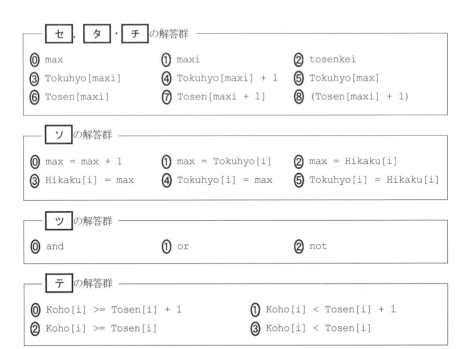

| セ ， タ ・ チ の解答群 |

⓪ max　　　① maxi　　　② tosenkei

③ Tokuhyo[maxi]　　④ Tokuhyo[maxi] + 1　　⑤ Tokuhyo[max]

⑥ Tosen[maxi]　　⑦ Tosen[maxi + 1]　　⑧ (Tosen[maxi] + 1)

| ソ の解答群 |

⓪ max = max + 1　　① max = Tokuhyo[i]　　② max = Hikaku[i]

③ Hikaku[i] = max　　④ Tokuhyo[i] = max　　⑤ Tokuhyo[i] = Hikaku[i]

| ツ の解答群 |

⓪ and　　　① or　　　② not

| テ の解答群 |

⓪ Koho[i] >= Tosen[i] + 1　　① Koho[i] < Tosen[i] + 1

② Koho[i] >= Tosen[i]　　③ Koho[i] < Tosen[i]

第3問 次の文章を読み，後の問い（問1〜4）に答えよ。

　S高等学校サッカー部のマネージャーをしている鈴木さんは，「強いサッカーチームと弱いサッカーチームの違いはどこにあるのか」というテーマについて研究している。鈴木さんは，ある年のサッカーのワールドカップにおいて，予選で敗退したチーム（予選敗退チーム）と，予選を通過し，決勝トーナメントに進出したチーム（決勝進出チーム）との違いを，データに基づいて分析することにした。このデータで各国の代表の32チームの中で，決勝進出チームは16チーム，予選敗退チームは16チームであった。

　分析対象となるデータは，各チームについて，以下のとおりである。

● 試合数…大会期間中に行った試合数

● 総得点…大会で行った試合すべてで獲得した得点の合計

● ショートパス本数…全試合で行った短い距離のパスのうち成功した本数の合計

● ロングパス本数…全試合で行った長い距離のパスのうち成功した本数の合計

● 反則回数…全試合において審判から取られた反則回数の合計

　鈴木さんは，決勝進出チームと予選敗退チームの違いについて，このデータを基に，各項目間の関係を調べることにした。データの加工には，表計算ソフトウェアを活用し，表1のデータシートを作成した。

　決勝進出チームと予選敗退チームの違いを調べるために，決勝進出の有無は，決勝進出であれば1，予選敗退であれば0とした。また，チームごとに試合数が異なるので，各項目を1試合当たりの数値に変換した。

表1　ある年のサッカーのワールドカップのデータの一部（データシート）

	A	B	C	D	E	F	G	H	I	J	K
1	チームID	試合数	総得点	ショートパス本数	ロングパス本数	反則回数	決勝進出の有無	1試合当たりの得点	1試合当たりのショートパス本数	1試合当たりのロングパス本数	1試合当たりの反則回数
2	T01	3	1	834	328	5	0	0.33	278.00	109.33	1.67
3	T02	5	11	1923	510	12	1	2.20	384.60	102.00	2.40
4	T03	3	1	650	269	11	0	0.33	216.67	89.67	3.67
5	T04	7	12	2257	711	11	1	1.71	322.43	101.57	1.57
6	T05	3	2	741	234	8	0	0.67	247.00	78.00	2.67
7	T06	5	5	1600	555	9	1	1.00	320.00	111.00	1.80

　また，データシートを基に，統計処理ソフトウェアを用いて，図1を作成した。

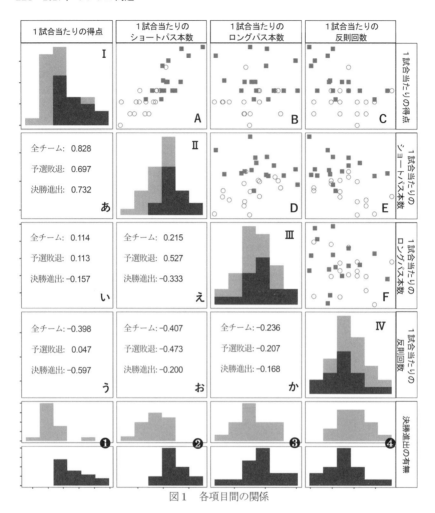

図1 各項目間の関係

　図1のⅠ～Ⅳは，それぞれの項目の全参加チームのヒストグラムを決勝進出チームと予選敗退チームとで色分けしたものであり，❶～❹は決勝進出チームと予選敗退チームに分けて作成したヒストグラムである。**あ～か**は，それぞれの二つの項目の全参加チームと決勝進出チーム，予選敗退チームのそれぞれに限定した相関係数である。また **A～F** は，それぞれの二つの項目の散布図を決勝進出チームと予選敗退チームをマークで区別して描いている。例えば，図1の **A** は縦軸を「1試合当たりの得点」，横軸を「1試合当たりのショートパス本数」とした散布図であり，それに対応した相関係数は**あ**で表されている。

問1　次の問い（a・b）に答えよ。

a　次の文章を読み，空欄　ア　〜　ウ　に入れる最も適当なものをそれぞれの解答群のうちから一つずつ選べ。ただし，空欄　ア　・　イ　の順序は問わない。

　　図1を見ると，予選敗退チームにおいてはほとんど相関がないが，決勝進出チームについて負の相関がある項目の組合せは，1試合当たりの　ア　と　イ　である。また，決勝進出チームと予選敗退チームとで，相関係数の符号が逆符号であり，その差が最も大きくなっている関係を表している散布図は　ウ　である。したがって，散布図の二つの記号のどちらが決勝進出チームを表しているかが分かった。

── ア　・　イ　の解答群 ──

⓪ 得点　　① ショートパス本数　　② ロングパス本数　　③ 反則回数

── ウ　の解答群 ──

⓪ A　　　① B　　　② C　　　③ D　　　④ E　　　⑤ F

b　図1から読み取れることとして**誤っているもの**を解答群から一つ選べ。　エ

── エ　の解答群 ──

⓪ それぞれの散布図の中で，決勝進出チームは黒い四角形（■），予選敗退チームは白い円（〇）で表されている。

① 全参加チームを対象としてみたとき，最も強い相関がある項目の組合せは1試合あたりの得点と1試合あたりのショートパス本数である。

② 全参加チームについて正の相関がある項目の組合せの中には，決勝進出チーム，予選敗退チームのいずれも負の相関となっているものがある。

③ 1試合当たりのショートパス本数の分布を表すグラフ❷で，下の段は決勝進出チームのヒストグラムである。

問2　次の文章を読み，空欄 オカ ～ クケ に当てははまる数字をマークせよ。

　　鈴木さんは，図1から，1試合当たりの得点とショートパス本数の関係に着目し，さらに詳しく調べるために，1試合当たりの得点をショートパス本数で予測する回帰直線を，決勝進出チームと予選敗退チームとに分けて図2のように作成した。

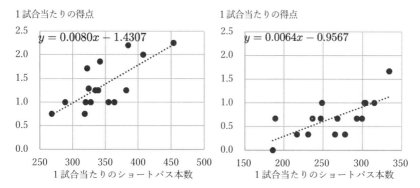

1試合当たりの得点　　　　　　　　　　　　1試合当たりの得点

1試合当たりのショートパス本数　　　　　1試合当たりのショートパス本数

図2　決勝進出チーム(左)と予選敗退チーム(右)の
　　　1試合当たりの得点とショートパス本数の回帰直線

　　鈴木さんは，この結果からショートパス100本につき，1試合当たりの得点増加数を決勝進出チームと予選敗退チームで比べた場合，0. オカ 点の差があり，ショートパスの数に対する得点の増加量は決勝進出チームの方が大きいと考えた。

　　また，1試合当たりのショートパスが320本のとき，回帰直線から予測できる得点の差は，決勝進出チームと予選敗退チームで，小数第3位を四捨五入して計算すると，0.0 キ 点の差があることが分かった。鈴木さんは，グラフからは傾きに大きな差が見られないこの二つの回帰直線について，実際に計算してみると差を見つけられることが実感できた。

　　さらに，ある決勝進出チームは，1試合当たりのショートパス本数が384.2本で，1試合当たりの得点が 2.20 点であったが，実際の1試合当たりの得点と回帰直線による予測値との差は，小数第3位を四捨五入した値で0. クケ 点であった。

問3　次の文章を読み，空欄　コ・サ　に入れるのに最も適当なものを解答群のうちから一つずつ選べ。ただし，空欄　コ・サ　の順序は問わない。

鈴木さんは，さらに分析を進めるために，データシートを基に，決勝進出チームと予選敗退チームに分けて平均値や四分位数などの基本的な統計量を算出し，表2を作成した。このシートを「分析シート」と呼ぶ。

表2　1試合当たりのデータに関する基本的な統計量（分析シート）

	A	B	C	D	E	F	G	H	I
1		決勝進出チーム				予選敗退チーム			
2	統計量	1試合当たりの得点	1試合当たりのショートパス本数	1試合当たりのロングパス本数	1試合当たりの反則回数	1試合当たりの得点	1試合当たりのショートパス本数	1試合当たりのロングパス本数	1試合当たりの反則回数
3	合計	21.56	5532.21	1564.19	41.30	11.00	4213.33	1474.33	48.00
4	最小値	0.75	268.00	74.40	1.50	0.00	185.67	73.67	1.67
5	第1四分位数	1.00	321.82	92.25	2.10	0.33	235.25	87.67	2.58
6	第2四分位数	1.25	336.88	96.02	2.40	0.67	266.83	91.67	3.00
7	第3四分位数	1.75	368.33	103.50	3.00	1.00	300.08	98.00	3.42
8	最大値	2.25	453.50	118.40	4.50	1.67	334.00	109.33	4.67
9	分散	0.23	1926.74	137.79	0.67	0.15	1824.08	106.61	0.61
10	標準偏差	0.48	43.89	11.74	0.82	0.38	42.71	10.33	0.78
11	平均値	1.35	345.76	97.76	2.58	0.69	263.33	92.15	3.00

鈴木さんは，この分析シートから　コ　と　サ　について正しいことを確認した。

コ・サ　の解答群

⓪　1試合当たりのロングパス本数のデータの散らばりを四分位範囲の視点で見ると，決勝進出チームよりも予選敗退チームの方が小さい。

①　1試合当たりのショートパス本数は，決勝進出チームと予選敗退チームともに中央値より平均値の方が小さい。

②　1試合当たりのショートパス本数を見ると，決勝進出チームの第1四分位数は予選敗退チームの中央値より小さい。

③　1試合当たりの反則回数の標準偏差を比べると，決勝進出チームの方が予選敗退チームよりも散らばりが大きい。

④　1試合当たりの反則回数の予選敗退チームの第1四分位数は，決勝進出チームの中央値より小さい。

問4　次の文章を読み，空欄 シ に入れる最も適当なものを解答群のうちから一つ選べ。
また，ス・セソ については，当てはまる数字をマークせよ。

　鈴木さんは，作成した図1と表2の両方から，シ ことに気づき，決勝進出の有無と
1試合当たりの反則回数の関係に着目した。そこで，全参加チームにおける1試合当たり
の反則回数の第1四分位数（Q1）未満のもの，第3四分位数（Q3）を超えるもの，Q1以上
Q3以下の範囲のものの三つに分け，それと決勝進出の有無で，次の表3のクロス集計表に
全参加チームを分類した。ただし，※の箇所は値を隠してある。

表3　決勝進出の有無と1試合当たりの反則回数に基づくクロス集計表

	1試合当たりの反則回数			
	Q1 未満	Q1 以上 Q3 以下	Q3 を超える	計
決勝進出チーム	※	※	※	16
予選敗退チーム	2	※	ス	16
全参加チーム	8	※	7	32

　この表から，決勝進出チームと予選敗退チームの傾向が異なることに気づいた鈴木さん
は，割合に着目してみようと考えた。決勝進出チームのうち1試合当たりの反則回数が全
参加チームにおける第3四分位数を超えるチームの割合は約19%であった。また，1試合
当たりの反則回数がその第1四分位数より小さいチームの中で決勝進出したチームの割
合は セソ %であった。
　その後，鈴木さんはこの分析の結果を顧問の先生に相談し，部活動のメンバーにも報告
した。そして，分析の結果を参考にしてサッカー部の今後の練習計画と目標を再設定する
とともに，さらなる知見が得られないか分析を進めることとした。

─── シ の解答群 ───

⓪　1試合当たりの反則回数が最も多いチームは，決勝進出チームである

①　1試合当たりの反則回数と1試合当たりの得点の間には，全参加チームにおいて正
の相関がある

②　1試合当たりの反則回数と1試合当たりの得点の間には，決勝進出チームと予選敗
退チームのそれぞれで負の相関がある

③　図1の❹のヒストグラムでは決勝進出チームの方が予選敗退チームより分布が左に
ずれている

2021年　サンプル問題

問題番号	設　問	解答記号	正解	備考	チェック
第1問	問1	ア-イ	②-③		
		ウ	③		
		エ	③		
	問2	オ	①		
		カ	⑤		
		キ	②		
	問3	ク	⓪		
		ケ	①		
		コ	⓪		
	問4	サ	⑧		
		シ	①	*	
		ス	⑥		
		セ	①	*	
		ソ	⑧		
第2問	問1	ア	③		
		イ	⑧	*	
		ウ	⑥		
	問2	エ	⑥		
		オ	⑨		
		カ	⑨		
		キ	⑨		
		ク	⑦		
		ケ	①		
		コ	②		
		サ	②		
		シ	②		
		ス	③		

問題番号	設　問	解答記号	正解	備考	チェック
第2問	問3	セ	②		
		ソ	②		
		タ	③	*	
		チ	⑧		
		ツ	⓪	*	
		テ	⓪		
第3問	問1	ア-イ	⓪-③	*	
		ウ	③		
		エ	②		
	問2	オ	①	*	
		カ	⑥		
		キ	④		
		ク	⑤	*	
		ケ	⑥		
	問3	コ-サ	⓪-③		
	問4	シ	③		
		ス	④		
		セ	⑦	*	
		ソ	⑤		

（注）
1　＊は，全部正解の場合のみ点を与える。
2　－（ハイフン）でつながれた正解は，順序を問わない。

第1問 《現代社会のデータ通信とネットワーク》 やや易

問1 | ア |・| イ | 正解は②・③（順不同）

問題文に「回線交換方式と違って」とあるので，インターネット回線の通信方式であ
る**パケット交換方式**の特徴と比較すればよい。

回線交換方式では，通信の開始から終了まで回線を占有するので，他者がその回線
を利用できない。これに対しパケット交換方式では，**データを小さな単位に分割し，
それに宛先や送信元のアドレス・分割したデータの順序などの情報を加えたパケッ
ト**を送信する。途中でデータが欠落しても再送されるので②は正しい。また回線を
占有せず，同時に複数の利用者が回線を共有することができ利用効率が良いので③
は正しい。⓪は予約不要なので誤り，①は一度に送出しないので誤り，④は回線を
占有しないので誤り。

| ウ | 正解は③

情報格差とは情報技術が利用できる人とできない人との格差であり，国家（先進国
と途上国），地域（都市部と地方），世代（高齢者と若者），貧富の差，障がいの有
無などがその要因となるので③が正しい。

| エ | 正解は③

クラウドサービスとは，コンピュータネットワークを利用して別のコンピュータに
接続しサービスを提供する形態であるので，機器を自ら設置する必要がない。⓪は，
データはネットワーク上のコンピュータに存在するので誤り。①も拡張はネットワー
ク上のコンピュータで行う必要があるので誤り。②は，サーバをネットワークに
接続するのはクラウドサービス提供事業者なので誤り。

問2 | オ | 正解は①

「クラス全員」という集合を，「電車を利用する」「バスを利用する」「自転車を利用
する」という小さな集合で分類し，かつ小さな集合どうしの重なりもあるので①の
ベン図が適している。

| カ | 正解は⑤

「Plan」「Do」「Check」「Action」といった流れで表現するとあり，これらは何度
も繰り返されるものなので，⑤の循環図が適している。

| キ | 正解は②

「5万円以上／未満」「1kg 以上／未満」という二つの要素の組合せで分類するの

で，二つの要素を縦軸と横軸に配置し整理する②の座標軸が適している。

問3 　ク　正解は⓪　　ケ　正解は①
アナログデータのデジタル化では，データを一定の間隔で区切り（手順1　**標本化**），次に区画のデータをルールに従い整数値に置き換え（手順2　**量子化**），最後に整数値を2進法で表現する（手順3　**符号化**）という手順をたどる。

　コ　正解は⓪
デジタルデータの特徴として，ノイズに強く複製しても劣化しないことや，修正や編集などの加工をしやすいこと，音・画像・文字などの情報を統合しやすいことなどがあげられる。よって⓪が正しい。①は**ラスタデータ**や解像度が低い画像を拡大するとギザギザが現れるので誤り。②の圧縮方式には可逆圧縮と非可逆圧縮があり，後者は元の画像に戻すことができないので誤り。③は**著作権侵害**となるので誤り。

問4 　サ　正解は⑧
図2の**IPアドレス**ではネットワーク部が2進法24桁＝24ビット，ホスト部に割り当てられているのは2進法8桁＝8ビットである。

　シス　正解は①⑥
先生の説明から，空欄シスにはネットワーク部に割り当てられるビット数が入ることがわかる。Kさんの発言（256×256）からローカル部は8ビット×2＝16ビットが割り当てられることがわかるので，IPv4全部の32ビットからローカル部16ビットを引いた，16ビットがネットワーク部に割り当てられる。

　セソ　正解は①⑧
ネットワーク部の**ビット数**を求めるには，二つのアドレスを2進法に直し共通する桁数を求めればよい。双方最初の16ビットは172.16で共通なので，その次の129と160を**2進法**に直して，共通する桁数を求める。それぞれのIPアドレスを2進法で表記すると

　　172.16.129.1　→2進法　10101100. 00010000. 10000001.00000001
　　172.16.160.1　→2進法　10101100. 00010000. 10100000.00000001

となるので，下線部の上位18桁＝18ビットが正解となる。

第2問 《比例代表選挙の当選者数を計算するプログラム》

問1 ［ ア ］ 正解は③

最初のMさんとKさんの会話文と図3の**プログラム**がどう対応しているかを照らし合わせながら考えればよい。プログラムの (05)〜(07) 行目には会話文の「得票の総数を議席数で割る…これを基準得票数と呼ぶ」が対応する。これに，それぞれ総数 sousuu，これを求めるための各政党の得票数 Tokuhyo，議席数 giseki，基準得票数 kizyunsuu という変数を割り当てている。プログラムの (06) 行目では，票の総数 sousuu を求めるために，各政党の得票数 Tokuhyo の m 番目に格納されている数値を順番に加えて求めているので，m には 0 〜 3 の数字が入ることがわかる。よって③3が正しい。ちなみに Tokuhyo[m] とは配列 Tokuhyo の中の m 番の数値（例えば Tokuhyo[0] なら Tokuhyo の中の 0 番の得票数 1200）を指す。

［ イ ］ 正解は⑧　　［ ウ ］ 正解はⓑ

プログラムの (10)〜(11) 行目を会話文と対応させると，「各政党の得票数をこの基準得票数で割」ることが該当する。すなわち各政党の得票数 Tokuhyo[m] を基準得票数 kizyunsuu で割るので，イとウにはそれぞれ⑧，ⓑが入る。

問2

図7の手順を書き出した文章と図8の変化を対応させて確認すればよい。

手順としては，まず配列 Hikaku の数値から最大の数値 Hikaku[maxi] を見つける。1回目では Hikaku[2] = 1440 が該当する。次に配列 Tosen の中の対応する Tosen[maxi] の値に1を加えた数値を格納する。1回目では Tosen[2]=0に1を加えた数値1である。

次に，もとの政党の得票 Tokuhyo の中の対応する Tokuhyo[maxi] を，Tosen[maxi] の値に1を加えた数値で割って，出てきた数値を Hikaku[maxi] に格納する。1回目では Tokuhyo[2] = 1440 を，Tosen[2]=1 に1を加えた2で割って，その数値 720 を Hikaku[2] に格納する。

［ エ ］ 正解はⓑ　　［ ケ ］ 正解は①

2回目の最大数値は Hikaku[0] = 1200 となるので，対応する Tosen[0] に1を加え，次に Tokuhyo[0] = 1200 を Tosen[0] = 1 に1を加えた2で割って，その数値 600 を Hikaku[0] に格納する。配列 Hikaku，Tosen の他の数値は変化しないので，エにはⓑ720，ケには①1と，前の手順終了時のままの数値が入る。

　オ　正解は⑨　　　コ　正解は②

　3回目は Hikaku[2] = 720 が最大値になるので，Tosen[2]=1 に 1 を加えて，Tokuhyo[2] = 1440 を Tosen[2] に 1 を加えた数値（2+1=3）で割った値 480 を，Hikaku[2] に格納する。よってオは⑨480，コは②2が正しい。

　力　正解は⑨　　　キ　正解は⑨　　　サ　正解は②　　　シ　正解は②

　4回目は Hikaku[1] = 660 が最大値になるので，Tosen[1] = 0 に 1 を加えて，Tokuhyo[1] = 660 を Tosen[1] に 1 を加えた数値（1+1=2）で割った値 330 を，Hikaku[1] に格納する。5回目は Hikaku[0] = 600 が最大値なので，Tosen[0] = 1 に 1 を加え，Tokuhyo[0]=1200 を Tosen[0] に 1 を加えた数値（2+1=3）で割った値 400 を，Hikaku[0] に格納する。よって Hikaku[2]，Tosen[2] は変化しないので，力とキにはオと同じ数値，サとシにはコと同じ数値がそれぞれ入る。

　ク　正解は⑦　　　ス　正解は③

　6回目は Hikaku[2] = 480 が最大値なので，Tosen[2] = 2に 1 を加え，Tokuhyo[2] = 1440 を Tosen[2] に 1 を加えた数値（3+1=4）で割った値である 360 を，Hikaku[2] に格納する。よってクは⑦360，スは③3が正しい。

問3　セ　正解は②

　図9のプログラムは，問2で扱った図7の手順をプログラムにしたものであるので，手順を対応させていけばよい。プログラム（08）行目に「セ<giseki の間繰り返す」とあるので，どのような条件まで繰り返せばよいか考えればよい。図7の手順4に「手順2と手順3を当選者数の合計が議席数の6になるまで繰り返す」とあるので，これに対応するプログラムであることがわかる。つまり当選者の合計 tosenkei が，議席数 giseki に達するまで繰り返すので，セには②tosenkei が入ることがわかる。

　ソ　正解は②

　（09）〜（13）行目のプログラムは，図7手順2の「配列 Hikaku の要素の中で最大の値を調べ」の部分に対応する。（11）〜（12）行目はその方法の記述で，Hikaku[i] が現在の最大値 max より大きければ，最大値 max を Hikaku[i] の数値に置き換え，配列 Hikaku の次の数値と比較し同様のことを繰り返しながら最大値を求める手順をとる。ソは下線部の手順にあたるので②max=Hikaku[i] が入るとわかる。

| タ | 正解は③　| チ | 正解は⑧ |

(16) 行目のプログラムは，図7手順3の「Tokuhyo[maxi] を Tosen[maxi] +1 で割った商を Hikaku[maxi] に格納する」に対応する。ゆえに，タには③ Tokuhyo[maxi]，チには⑧(Tosen[maxi]+1)が入る。

| ツ | 正解は⓪　| テ | 正解は⓪ |

候補者が足りなくなった場合の対応なので，最大値を探す条件に，最大値となる政党の当選者が増えた場合の人数 Tosen[i]+1 が候補者 Koho[i] より同じか少ないことを条件に入れればよい。両方が成り立つことが必要なのでツには⓪and が入り，テには⓪Koho[i]>=Tosen[i]+1が入る。

第3問 《サッカーチームのデータ分析》 やや難

問1　a　| ア | ・ | イ | 正解は⓪・③（順不同）

図1の相関係数あ～かの決勝進出の数値に注目する。相関係数は−1～1で表され，±1に近づくほど相関が高い。一方が増えるともう一方が一定の割合で増える相関を**正の相関**，一方が増えるともう一方が一定の割合で減少する相関を**負の相関**という。問題文から「予選敗退チームにおいてはほとんど相関がない」から相関係数が0に近く，「決勝進出チームについて負の相関がある」から相関係数がマイナスでより絶対値が大きいものを探せばよいので「う」があてはまる。よって，1試合当たりの⓪得点と1試合当たりの③反則回数の組合せが正しい。

| ウ | 正解は③

まず，相関係数あ～かの数値に注目する。問題文に「決勝進出チームと予選敗退チームとで，相関係数の符号が逆符号であり，その差が最も大きくなっている」とあるので，あてはまるものを探せばよい。答えは「え」となる。「え」は1試合当たりのショートパス本数と，1試合当たりのロングパス本数の組合せなので，同じ組合せの散布図をA～Fから探せばよい。すなわち③Dが正解。

b　| エ | 正解は②

相関係数あ～かに注目し，「全参加チームについて正の相関」かつ「決勝進出チーム，予選敗退チームのいずれも負の相関」の数値の組合せは存在しないので②が誤り。そもそも決勝進出チーム・予選敗退チームのいずれも負の相関であれば，その集まりである全参加チームも負の相関を示すので，このことからも誤りとわかる。⓪は，相関係数「え」が散布図Dであることに注目すると，予選敗退チームは正の相関であるから右上がりの分布，決勝進出チームは負の相関であるから右下がりの

分布となるはずである。ゆえに黒い四角形が決勝進出チーム，白い円が予選敗退チームとわかる。

①は，相関係数あ～かの全チームの数値に注目し，最も強い相関，つまり相関係数が±1に近いものを選べばよい。答えは「あ」となるので，文章は正しい。

③は，ヒストグラム❶に注目し，決勝進出チームの方が予選敗退チームより，1試合当たりの得点が高いことが想像できるから，ヒストグラム❶～❹で下の段が決勝進出チームのヒストグラムであることがわかるので正しい。

問2　オカ　正解は①⑥

双方の**回帰直線**の式に注目し，問題文に「ショートパス100本につき…得点増加数」とあるので，$x=100$ として比べればよい。得点増加数なので双方の式の傾きを計算すると，決勝進出チームの得点増加数は $0.0080 \times 100 = 0.80$，予選敗退チームの得点増加数は $0.0064 \times 100 = 0.64$ なので，差は $0.80 - 0.64 = 0.16$ となる。

キ　正解は④

ショートパス320本のときに予測できる得点なので，双方の式に $x=320$ を入れて計算して比べればよい。決勝進出チームの得点 $y = 0.0080 \times 320 - 1.4307 = 1.1293$ となり，予選敗退チームの得点 $y = 0.0064 \times 320 - 0.9567 = 1.0913$ となる。これらの得点差を求めると $1.1293 - 1.0913 = 0.0380 \fallingdotseq 0.04$ となる。

クケ　正解は⑤⑥

決勝進出チームがショートパス384.2本のときの予測値 $y = 0.0080 \times 384.2 - 1.4307 = 1.6429$ なので，実際の得点との差は $2.20 - 1.6429 = 0.5571 \fallingdotseq 0.56$ となる。

問3　コ・サ　正解は⓪・③（順不同）

⓪の四分位範囲とは，第1四分位数から第3四分位数までの範囲である。決勝進出チームのロングパス本数の範囲は $103.50 - 92.25 = 11.25$，予選敗退チームの範囲は $98.00 - 87.67 = 10.33$ となり，予選敗退チームの方が小さいので正しい。

③の1試合当たりの反則回数の**標準偏差**を比べると，決勝進出チームが0.82，予選敗退チームが0.78であり，決勝進出チームの方が散らばりが大きいので正しい。

①の**中央値**は，第2四分位数と一致する。ゆえに1試合当たりのショートパス本数の中央値と**平均値**は，決勝進出チームは336.88と345.76，予選敗退チームは266.83と263.33となり，決勝進出チームは平均値の方が大きいので誤り。

②で，決勝進出チームの1試合当たりのショートパス本数の第1四分位数は321.82，予選敗退チームの中央値（＝第2四分位数）は266.83となり，後者の中央値の方が小さいので誤り。

❹の1試合当たりの反則回数で，予選敗退チームの第1四分位数が2.58，決勝進出チームの中央値（＝第2四分位数）は2.40であり，後者の中央値の方が小さいので誤り。

問4　　シ　　正解は③

図1の❹のヒストグラムで，上の段が予選敗退チーム，下の段が決勝進出チームというのは問1ですでにわかっているので，比べれば③は正しいとわかる。

⓪は表2の1試合当たりの反則回数の最大値に注目すればよい。決勝進出チームの最大値が4.50であるのに対し，予選敗退チームの最大値は4.67なので，反則回数が最も多いのは決勝進出チームではない。

①は，1試合当たりの反則回数と1試合当たりの得点の相関をみるので，図1の相関係数「う」の全参加チームの数値に注目すればよい。相関係数は－0.398と負の相関にあるので「正の相関がある」は誤り。

②は，①と同様に図1の相関係数「う」の予選敗退チームと決勝進出チームの数値に注目すればよい。それぞれ0.047，－0.597なので，「それぞれで負の相関がある」は誤り。

　ス　　正解は④

問題文に「決勝進出チームのうち1試合当たりの反則回数が全参加チームにおける第3四分位数を超えるチームの割合は約19％」とあるので，決勝進出チーム16チームの19％にあたる数値を求めればよい。$16 \times 0.19 = 3.04 \fallingdotseq 3$なので，表中のQ3を超える決勝進出チーム数は3とわかる。表よりQ3を超える全参加チーム数は7なので，Q3を超える予選敗退チーム数は$7 - 3 = 4$となる。

　セソ　　正解は⑦⑤

まずQ1未満の決勝進出チーム数は，表の全参加チーム数から予選敗退チーム数を引けば求められる。よって$8 - 2 = 6$となる。1試合当たりの反則回数がその第1四分位数より小さいチームの中で，決勝進出したチームの割合を求めると，6（Q1未満の決勝進出チーム数）÷8（Q1未満の全参加チーム数）＝0.75となり，75％が正解となる。